친구에게 내 기분을 솔직하게 말했는데 사이가 어색해진 적 있나요?
복잡한 상황을 설명하다가 오히려 뒤엉켜 버린 적은 없나요?

속담, 고사성어, 관용어, 우리말을 제대로 알면
하기 어렵거나 듣기 싫은 말도 간결하고 재치 있게 주고받을 수 있어요.
그러기 위해선 상황에 알맞은 표현을 제대로 익혀야 해요.

<머리에 콕 입에 착 붙는 어휘 스도쿠 우리말>은
다양한 상황 속에서 여러분의 생각을 똑똑하게 전달할 수 있는
든든한 어휘 길잡이가 되어 줄 거예요.

의미와 쓰임을 모른 채 달달 외우는 것이 아니라
만화와 풍부한 설명으로 100개의 우리말을 '이해'하고,
어휘 스도쿠와 다양한 퀴즈를 통해 '활용'하는 법을 배울 수 있지요.
그러다 보면 어느새 머리에 콕! 입에 착! 붙어 어휘가 저절로 나온답니다.

이 책은 초등학생이라면 꼭 알아야 할 필수 어휘만 모아
의사소통은 물론 공부의 기본기까지 확실하게 잡아 줄 거예요.

신나는 게임을 하듯 흥미진진한 어휘의 세계로
힘차게 첫걸음을 내디뎌 봐요!

모두가 어휘와 친해지는 그날까지
맹지현

두근두근 유령 친구들

유유
귀여운 생김새와 달리
야무진 말발을 가진
반전 매력 꼬마 유령

켄
언제나 느긋하고
아기자기한 것을 좋아하는
소녀 감성 프랑켄슈타인

큐라
친구들을 잘 이끌고 싶지만
마음만큼 행동이 따라 주지 않아
슬픈 리더 드리클리

펌킨
유행에 민감하고
자랑하기 좋아하는
자기애 뿜뿜 호박 뉴녕

이 책의 구성과 특징

만화로 어휘 만나기
우리말이 필요한 상황을 한 줄 정리와 재밌는 만화로 시작해 봐.

말 속에서 써 보기
대화의 빈칸을 채워 가며 일상생활에서 우리말을 입에 착! 붙여 봐.

100개 어휘 제대로 알기
초등학생이라면 꼭 알아야 할 우리말 100개의 의미와 함께 구체적인 사례와 비슷한말, 반대말까지 머리에 콕! 넣어 봐.

어휘 중요도
초등 교과서와 일상생활에서 자주 쓰는 우리말을 중요도에 따라 ★★★~★으로 표시

글 속에서 써먹기 내용에서 유추하기
다양한 갈래의 글과 퀴즈로 우리말을 확실하게 다져 봐.

어휘 스도쿠로 익히기

기본 규칙

1. 글자가 없는 빈칸에 빠진 글자를 넣는다.
2. 가로줄, 세로줄에 같은 글자가 겹치지 않아야 하지만 예외도 있다.
3. 혹시 틀리면 쉽게 지울 수 있도록 연필로 푼다.

3×3칸, 5×5칸

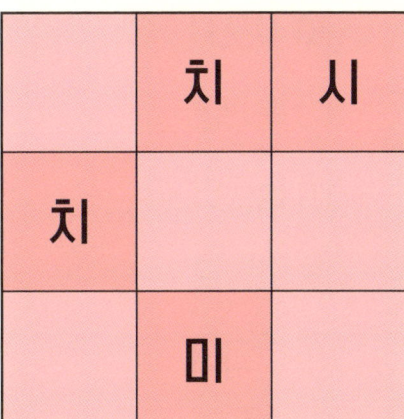

우리말을 익힐 때 초등학생이 가장 헷갈리는 부분을 어휘 스도쿠로 완성하는 거야. 띄어쓰기는 신경 쓰지 않아도 돼.

4×4칸, 6×6칸

글자가 가장 덜 비어 있는 줄부터 공략하면 쉬워.

이때, 같은 색깔 사각형 안에 어휘 낱자가 한 번씩 들어가야 한다는 사실!

차례

레벨 1 3×3칸

① 애타다 · 10
② 설레발 · 12
③ 바루다 · 14
④ 망나니 · 16
⑤ 미덥다 · 18
⑥ 모르쇠 · 20
⑦ 띄우다 · 22
⑧ 너스레 · 24
⑨ 곰곰이 · 26
⑩ 곧추다 · 28
⑪ 갈무리 · 30

⑫ 시치미 · 32
⑬ 화수분 · 34
⑭ 한달음 · 36
⑮ 오지랖 · 38
⑯ 살포시 · 40
⑰ 북새통 · 42
⑱ 벼르다 · 44
⑲ 고명딸 · 46
⑳ 미리내 · 48
㉑ 깔보다 · 50
㉒ 한살이 · 52
㉓ 해거름 · 54
㉔ 새우잠 · 56
㉕ 삭히다 · 58
㉖ 치사랑 · 60

㉗ 띄악볕 · 62
㉘ 된서리 · 64
㉙ 땅거미 · 66
㉚ 나비잠 · 68
㉛ 곱씹다 · 70
㉜ 가랑비 · 72

레벨 2 4×4칸

㉝ 하릴없다 · 74
㉞ 팽개치다 · 76
㉟ 칠칠하다 · 78
㊱ 애잔하다 · 80
㊲ 안절부절 · 82
㊳ 시나브로 · 84
㊴ 볼멘소리 · 86

㊵ 괴발개발 · 88
㊶ 곰살갑다 · 90
㊷ 헛헛하다 · 92
㊸ 해사하다 · 94
㊹ 주책없다 · 96
㊺ 옹골지다 · 98
㊻ 온새미로 · 100
㊼ 엉겁결에 · 102
㊽ 어쭙잖다 · 104
㊾ 애달프다 · 106
㊿ 안다미로 · 108
㉑ 아지랑이 · 110
㉒ 서슴없다 · 112
㉓ 북적이다 · 114
㉔ 머쓱하다 · 116

(55) 매몰차다 • 118
(56) 말똥하다 • 120
(57) 뜬금없다 • 122
(58) 달음박질 • 124
(59) 너나들이 • 126
(60) 끌밋하다 • 128
(61) 어렴풋이 • 130
(62) 톺아보다 • 132
(63) 허둥지둥 • 134
(64) 함박웃음 • 136
(65) 미욱하다 • 138
(66) 포슬포슬 • 140
(67) 앙다물다 • 142
(68) 아니꼽다 • 144
(69) 북돋우다 • 146
(70) 부질없다 • 148
(71) 부리나케 • 150
(72) 볼품없다 • 152
(73) 도긴개긴 • 154
(74) 눈엣가시 • 156
(75) 꾸덕꾸덕 • 158
(76) 괘씸하다 • 160
(77) 건들장마 • 162
(78) 거듭하다 • 164
(79) 감쪽같다 • 166
(80) 두남두다 • 168

| 레벨 3 5×5칸  | 레벨 4 6×6칸  |

⑧¹ 심드렁하다 · 170

⑧² 고즈넉하다 · 172

⑧³ 맛깔스럽다 · 174

⑧⁴ 휘둘러보다 · 176

⑧⁵ 함초롬하다 · 178

⑧⁶ 나지막하다 · 180

⑧⁷ 얼버무리다 · 182

⑧⁸ 궁싯거리다 · 184

⑧⁹ 하룻강아지 · 186

⑨⁰ 새치름하다 · 188

⑨¹ 맞장구치다 · 190

⑨² 구시렁대다 · 192

⑨³ 을씨년스럽다 · 194

⑨⁴ 애면글면하다 · 196

⑨⁵ 미주알고주알 · 198

⑨⁶ 어중이떠중이 · 200

⑨⁷ 호들갑스럽다 · 202

⑨⁸ 어처구니없다 · 204

⑨⁹ 알나리깔나리 · 206

¹⁰⁰ 데면데면하다 · 208

정답 · 210

 일이 뜻대로 되지 않아 엄청 답답할 때

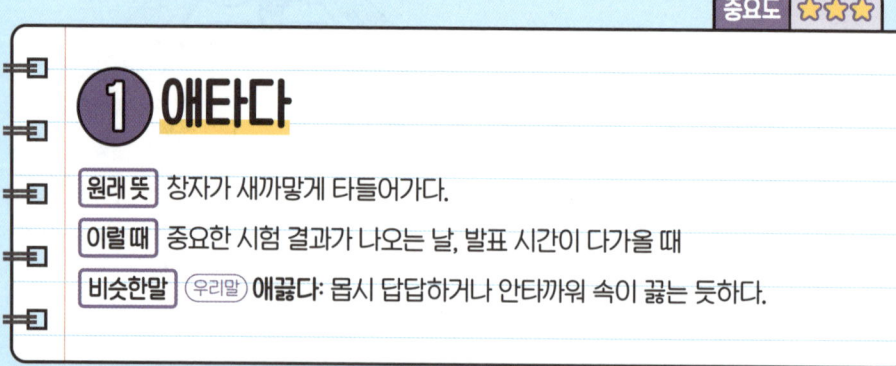

중요도 ★★★

① 애타다

원래 뜻 창자가 새까맣게 타들어가다.
이럴 때 중요한 시험 결과가 나오는 날, 발표 시간이 다가올 때
비슷한말 〔우리말〕 애끓다: 몹시 답답하거나 안타까워 속이 끓는 듯하다.

	애	다
다		
	다	

 교문 앞에 웬 강아지가 있어.

길 잃은 강아지가 주인을 _____ 게 찾고 있나 봐.

힌트 내용에 어울리는 어휘를 찾아 ○ 하세요.

산불 확산으로 전국 비상사태

최근 전국 곳곳에 발생한 산불이 사흘째 꺼지고 있지 않고 있다. 당분간 비 예보도 없어서 주민들의 _____ 목소리만 커지고 있다.

| 가 | 애 | 지 | 하 | 타 | 날 | 는 | 장 |

 **아직 일어나지도 않은 일에 대해 섣부르게 말할 때**

중요도 ★★★

② 설레발

- **이런 뜻**: 몹시 서두르며 소란을 떠는 행동
- **이럴 때**: 피구 대회에서 우승할 것 같다고 미리부터 들떠 있을 때
- **적용한 말**: (우리말) 설레발치다, 설레발놓다.

	레	설
	발	레

 해수욕장 갈 때 햇빛이 너무 따가우면 어떡하지? 걱정이네.

앞으로 삼 주나 남았어! 그렇게 _____ 을 치면 꼭 비 오더라.

 힌트 오늘 배운 우리말과 연관된 어휘 1개를 찾아 ○ 하세요.

 모양이 기울고 휘어진 것을 똑바로 할 때

추석 동안 많이 먹었으니 몸무게 좀 재 보자.

난 평소랑 똑같아.

큐라도 올라가 봐.

이상하다? 몸무게가 왜 이렇게 적게 나오지?

자세를 바루고 다시 재 봐.

그래도 적게 나와.

얘들아, 자세를 바르게 한다고 해서 몸무게가 달라지진 않아. 키를 재는 거면 몰라도….

듣고 보니 그러네.

그런 건 상식이거든?

중요도 ★★★

③ 바루다

[이런 뜻] 비뚤어지거나 구부러지지 않도록 바르게 하다.

[이럴 때] 아무렇게나 벗어 놓은 신발을 가지런히 정리할 때

[비슷한말]  바로잡다: 굽거나 비뚤어진 것을 곧게 하다.

스도쿠로 익히기

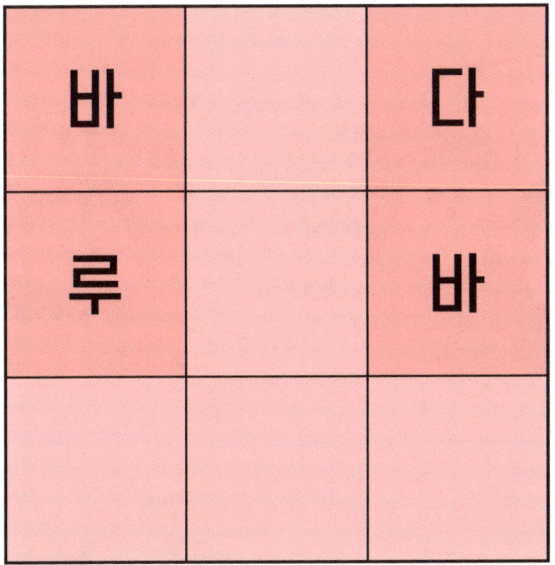

말 속에서 써 보기

 스승의 날이라서 작년 담임 선생님 뵈러 갈 건데, 나 어때?

비뚤어진 나비넥타이를 _____고 가면 좋을 것 같아.

글 속에서 유추하기

힌트) 내용을 읽고 암호가 무엇을 나타내는지 써 보세요.

엄마의 잔소리 피하기 대작전

온종일 친구들과 운동장에서 놀다 보니 옷이 엉망이 되었다. 호랑이처럼 화낼 엄마 생각에 말린 소매를 ★●▲, 바지에 묻은 흙을 털어 낸 다음 집으로 갔다.

★ _____ ● _____ ▲ _____

 ## 말과 행동이 막된 사람을 비난할 때

중요도 ★★★

④ 망나니

- **원래 뜻**: 조선 시대에 죄인의 목을 베던 사람*
- **이럴 때**: 툭 하면 학교에 빠지고 다른 친구들을 괴롭힐 때
- **비슷한 말** (우리말) 막된놈: 말이나 행동이 버릇없고 난폭한 사람

*사형을 선고받은 죄인 중에서 뽑음

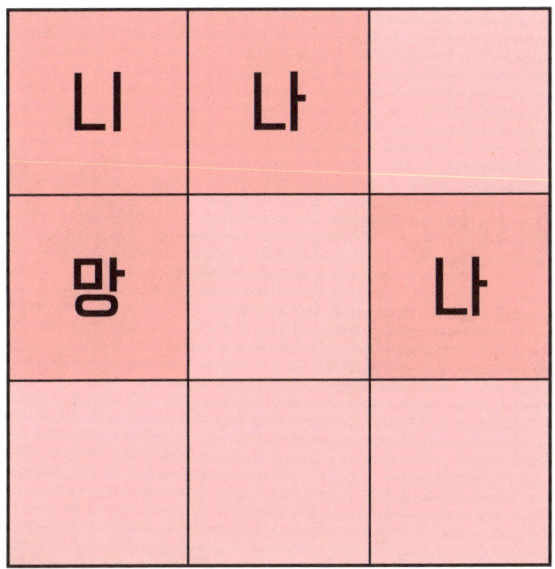

 옆집에 새로 이사 온 형 봤어? 좀 무섭게 생겼더라.

그 형 소문난 _____ 였는데, 이제 개과천선했대.

힌트 오늘 배운 우리말과 연관된 어휘 1개를 찾아 ○ 하세요.

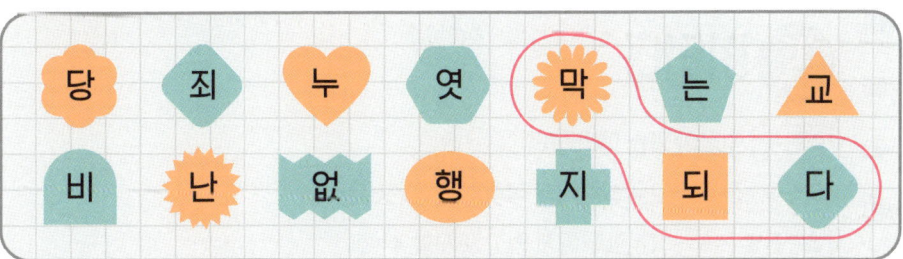

 **상대방을 믿고 의지할 수 있을 때**

중요도 ★★★

 **⑤ 미덥다**

- **이런 뜻** 믿음이 가는 데가 있다.
- **이럴 때** 친구가 모둠 발표에서 책임감 있게 준비할 때
- **비슷한말** (우리말) **미쁘다**: 굳게 믿고 의지할 수 있다.

미	덥	
덥		미

 내가 맛있는 쿠키 만들어 줄게.

너 요리 똥손이잖아. _____ 지 않지만 살짝 기대해 볼게.

힌트 내용을 읽고 암호가 무엇을 나타내는지 써 보세요.

회장을 존중하자!

회장은 학급의 문제를 해결하고, 질서를 유지하는 역할을 한다. ★●▲ 못한 사람이 회장이 될 수도 있지만, 다수결로 결정했기 때문에 믿고 따라야 한다.

★ _____   ● _____   ▲ _____

 **입을 꼭 다물고 모른 척 발뺌할 때**

6 모르쇠

이런 뜻 아는 것이나 모르는 것이나 다 모른다고 우기는 태도

이럴 때 친구 간식을 몰래 먹고 안 먹은 척 잡아뗄 때

적용한 말 (관용어) **모르쇠를 잡다**: 아무것도 모르는 체하거나 모른다고 잡아떼다.

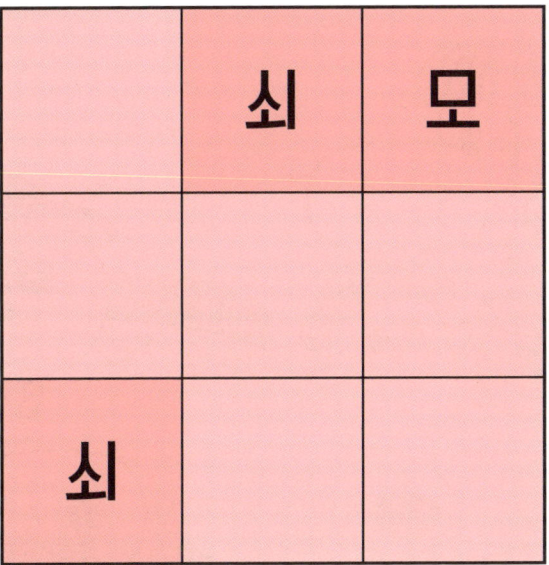

 내 책상에 쓰레기 갖다 놓은 사람, 너지? 어제 다 봤어.

쳇, 다 들통났다니 _____ 도 안 통하겠네.

힌트 내용에 어울리는 어휘를 찾아 ○ 하세요.

켄에게

며칠 전 수학 시간에 내 지우개 빌렸지? 그런데 돌려 달라니까 _____ 로 나오면 어떡해? 지우개에 내 이름도 쓰여 있어. 빨리 돌려줘!

| 날 | 면 | 모 | 주 | 원 | 느 | 르 | 쇠 |

 **삶은 콩을 빻아 덩이를 지어서 숙성시킬 때**

중요도 ★★★

7 띄우다

이런 뜻 누룩이나 메주를 발효시키다.

이럴 때 된장을 만들려고 메주를 따뜻한 곳에 놓고 며칠 동안 기다릴 때

비슷한 말 (우리말) 뜸: 산소가 없는 상태에서 미생물이 탄수화물을 분해하여 에너지를 얻는 작용

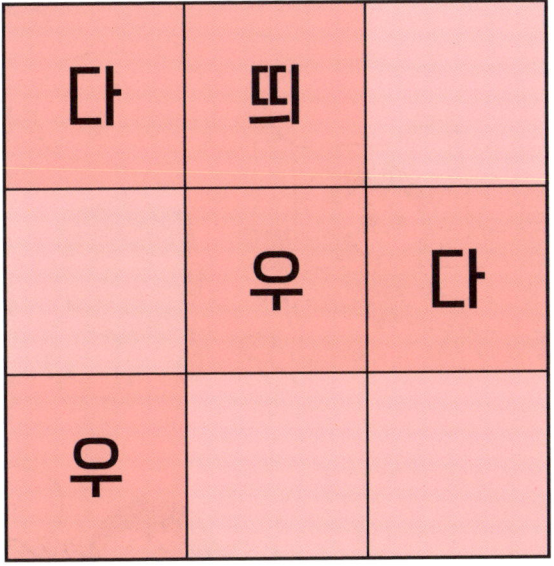

 우리 할머니가 직접 메주를 _____ 워서 만든 고추장이야.

비빔밥에 넣어 먹으면 정말 맛있겠다.

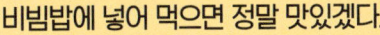 내용을 읽고 암호가 무엇을 나타내는지 써 보세요.

장 담그는 법

먼저 삶은 콩을 찧어 적당한 모양으로 메주를 만든다. 그리고 덩어리끼리 붙지 않게 말리면서 메주를 ★●▲. 이때 적절한 온도와 습도를 유지하는 것이 중요하다.

★ ___ ● ___ ▲ ___

 **이런저런 말이나 행동을 마구 늘어놓을 때**

"아침에는 네 개, 점심에는 두 개, 저녁에는 세 개인 것은?"

"정답, 사람!"

"그럼 나를 자꾸 따라오는 것은?"

"너무 쉬운데? 그림자잖아."

"어렸을 때부터 수수께끼 책을 많이 봐서 이 정도는 기본이야."

"뭐라고?"

"아니, 수수께끼 대장이라고 했어."

"안 물어봤는데? 이 너스레 떨기 대장아."

"못 들어서 다행이다."

중요도 ★★★

⑧ 너스레

- **이런 뜻** 물건이 바닥에 닿지 않게 그릇, 흙구덩이 위에 얼기설기 걸쳐 놓은 막대기 모양처럼 수다스럽게 늘어놓는 말이나 행동
- **이럴 때** 익살스럽게 과장된 말이나 행동을 할 때
- **적용한 말** (관용어) **너스레를 떨다**: 남을 놀리려고 이런저런 말을 떠벌리다.

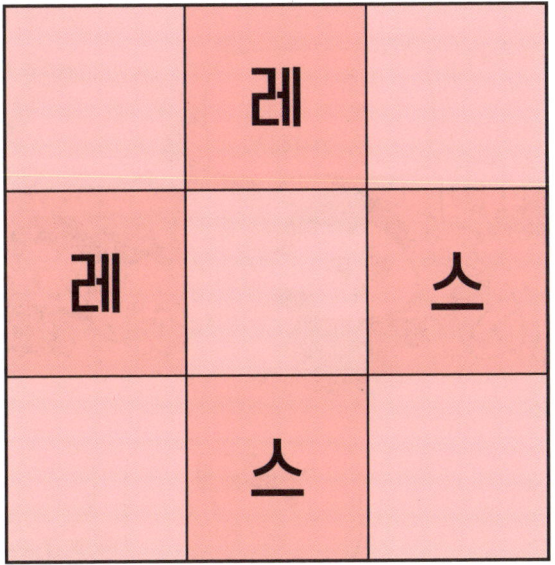

 켄이 머리를 이상하게 잘라서 속상해하길래 개성 있다고 말해 줬어.

하여튼 펌킨의 _____는 알아줘야 한다니까.

힌트 내용에 어울리는 어휘를 찾아 ○ 하세요.

아무리 맛있어도 맨날 먹는 건 싫어!

우리 집에 친구들이 놀러 와서 엄마가 김밥을 만들어 주셨다. 큐라는 이렇게 맛있는 음식은 처음 먹어 본다며 _____를 떨었다. 그 이후로 우리 집 식탁에는 김밥만 올라온다.

| 너 | 스 | 살 | 해 | 레 | 소 | 원 | 다 |

 어떤 일을 꼼꼼하게 따질 때

"게임 카드를 가방에 넣어 놨는데 없어졌어!"

"다른 데 두고 깜빡한 거 아니야? 곰곰이 생각해 봐."

"왜 그래? 무슨 일이야?"

"게임 카드를 잃어버렸대."

"혹시 이거야?"

"맞아. 어디서 찾았어?"

"공원 벤치 위에 있던걸."

"켄, 정말 고마워. 넌 생명의 은인이야. 자, 내 뽀뽀 받아."

"미안하지만 사양할게."

중요도 ★★★

9 곰곰이

이런 뜻 여러모로 깊이 생각하는 모양

이럴 때 자기 전에 일기를 쓰면서 하루 동안 무슨 일이 있었는지 떠올릴 때

비슷한말 우리말 꼼꼼히: 빈틈없이 차분하고 조심스럽게

26

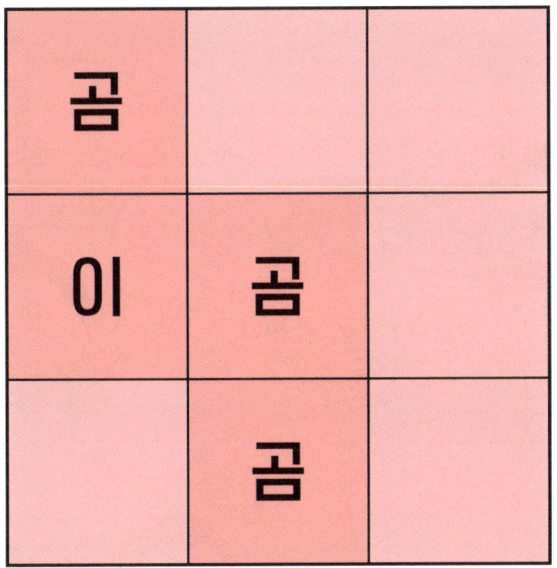

 가족 여행으로 바다가 좋을까, 산이 좋을까?

글쎄, 가족들이 어디를 더 좋아할지 _____ 생각해 봐.

힌트 오늘 배운 우리말과 연관된 어휘 1개를 찾아 ○ 하세요.

한쪽으로 휜 것을 똑바로 세울 때

> 나 목이 너무 아파.

> 그러고 보니 머리가 꼭 거북이처럼 앞으로 툭 튀어나왔네. 평소에 어떤 자세로 책 봐?

> 이렇게 앉아서 보지.

> 에이, 그러니까 그렇지. 목과 허리를 **곧추고** 엉덩이를 의자 깊숙이 넣어 봐.

오호

> 그럼 나 이제 거북이 안 되는 거야?

> 드라큘라가 거북이 되긴 쉽지 않아.

중요도 ★★★

⑩ 곧추다

이런 뜻 구부러진 것을 바르게 펴다.

이럴 때 사진을 찍기 위해 등을 펴고 바르게 설 때

비슷한말 (우리말) 세우다: 몸을 곧게 펴거나 일어서게 하다.

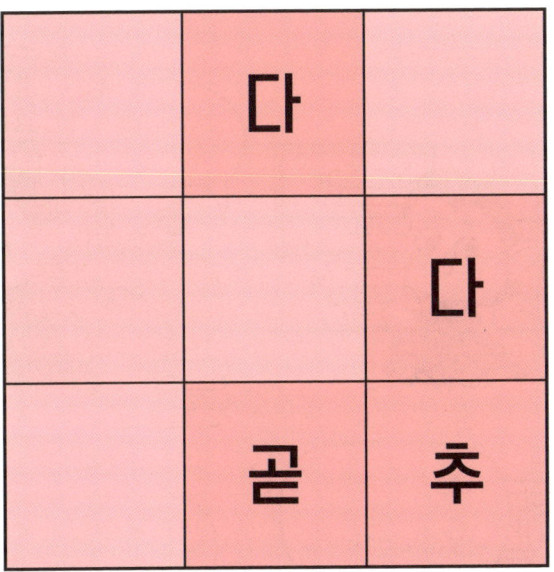

 어제 TV에서 국군의 날 행사로 군악대 공연한 거 봤어?

군인들이 몸을 _____ 고 행진하는 모습이 멋있더라.

힌트) 내용을 읽고 암호가 무엇을 나타내는지 써 보세요.

즐거운 동물원 나들이

가족들과 동물원에 갔다. 가장 처음 본 동물은 미어캣이었다. 여러 마리가 언덕 위에서 목을 ★●▲ 이리저리 두리번거리는 모습이 무척 귀여웠다.

★ ● ▲
___ ___ ___

 **여기저기 흐트러져 있는 물건을 한데 모을 때**

> 잘 따라오고 있지?

> 너무 배고파서 힘이 없어.

> 이제 조금만 하면 끝나.

> 남은 책만 책장에 **갈무리**하는 대로 떡볶이 먹으러 가자.

> 더 이상은 못 해!

잠시 후

> 역시 땀 흘리고 나서 먹는 떡볶이 맛은 최고라니까!

> 힘은 나만 쓴 것 같은데?

중요도 ★★★

⑪ 갈무리

이런 뜻 물건을 잘 정리해서 보관하거나 일을 잘 마무리함

이럴 때 미술 시간에 쓴 붓과 물감을 깨끗이 닦고 정리할 때

비슷한말 (우리말) **거두다**: 벌여 놓거나 차려 놓은 것을 정리하다.

	무	리
	리	갈

소풍 끝나고 쓰레기는 어떻게 해야 해?

잘 _____ 해서 쓰레기통에 버리면 돼.

힌트 내용에 어울리는 어휘를 찾아 ○ 하세요.

보기만 해도 풍성해지는 가을걷이

할아버지 트랙터를 타고 황금빛 가득한 들판으로 향했다. 들판 곳곳에는 아침 일찍부터 농부들이 벼를 수확한 뒤 _____ 하고 있었다.

| 난 | 호 | 상 | 갈 | 새 | 무 | 비 | 리 |

 **자기가 하고도 아닌 척, 모르는 척할 때**

중요도

⑫ 시치미

- **원래 뜻**: 주인을 밝히기 위해 매의 꽁지 속에 달아 놓던 이름표
- **이럴 때**: 친구 몰래 주스를 마시고 나서 딴청 부릴 때
- **적용한 말**: (관용어) **시치미를 떼다**: 자기가 하고도 하지 않은 척, 알면서도 모르는 척하다.

	치	시
치		
	미	

 동생이 내 게임기를 고장 내고 _____를 뚝 떼는 거 있지?

양심이 없네. 이참에 뜨거운 맛 좀 보여 줘!

힌트) 내용을 읽고 암호가 무엇을 나타내는지 써 보세요.

쑥스럼쟁이 큐라에게

높이뛰기 하다 다친 발이 거의 아물었어. 그날 반창고와 내 실내화까지 챙겨 줬으면서 네가 안 한 척 ★●▲를 뗐지? 사실 다 알고 있었어. 늦었지만 고마워!

★ _____ ● _____ ▲ _____

 **아무리 써도 줄지 않고 끊임없이 나올 때**

⓭ 화수분

- **이런 뜻** 재물이 계속 나오는 보물단지
- **이럴 때** 엄마가 가방에서 간식을 꺼내도 꺼내도 계속 나올 때
- **비슷한 말** [고사성어] 무궁무진(無窮無盡): 끝과 다함이 없다.

중요도 ★★

수	화	
		수
분		화

 이 모자도 예쁘고 저 키링도 마음에 쏙 든단 말이지.

네 용돈은 _____ 이 아니야. 진짜 필요한 것만 사.

힌트 내용을 읽고 암호가 무엇을 나타내는지 써 보세요.

관리 소홀로 가뭄 피해 더 키워….

극심한 가뭄으로 논밭이 갈라지고 농작물 피해가 커지고 있다. 지하수는 ★●▲이 아님에도 제대로 관리하지 않아 애꿎은 농민들만 피해를 보았다.

___   ___   ___

 한눈팔지 않고 빨리 내달릴 때

14 한달음

- **이런 뜻** 중간에 멈추지 않고 한 번에 달려감
- **이럴 때** 갑자기 비가 쏟아져서 멈추지 않고 집까지 뛰어갈 때
- **비슷한 말** (우리말) **달음박질**: 급히 뛰어 달려감

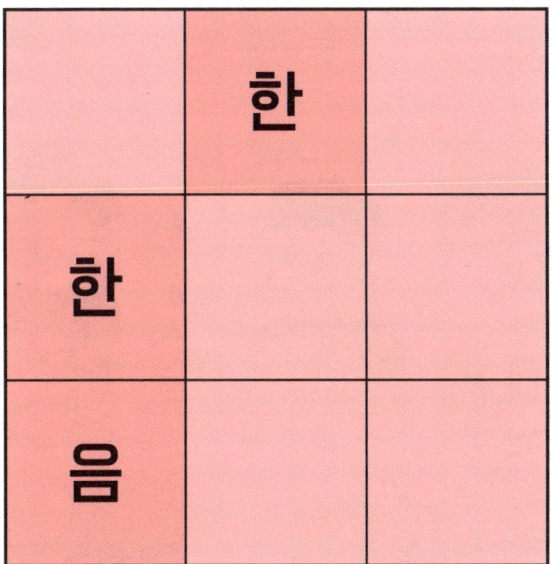

 오늘 학교 앞에 솜사탕 파는 아저씨가 오신대.

정말? 종이 울리면 _____ 에 운동장을 가로질러 가야지.

힌트 내용에 어울리는 어휘를 찾아 ○ 하세요.

유유에게

내일 네가 다른 동네로 이사 간다니 아쉬워. 하지만 우린 학교에서도 만나고 영영 헤어지는 게 아니니까 네가 보고 싶으면 _____ 에 찾아갈게. 월요일에 봐.

| 필 | 중 | 서 | 한 | 연 | 르 | 달 | 음 |

 **남의 일에 지나치게 간섭할 때**

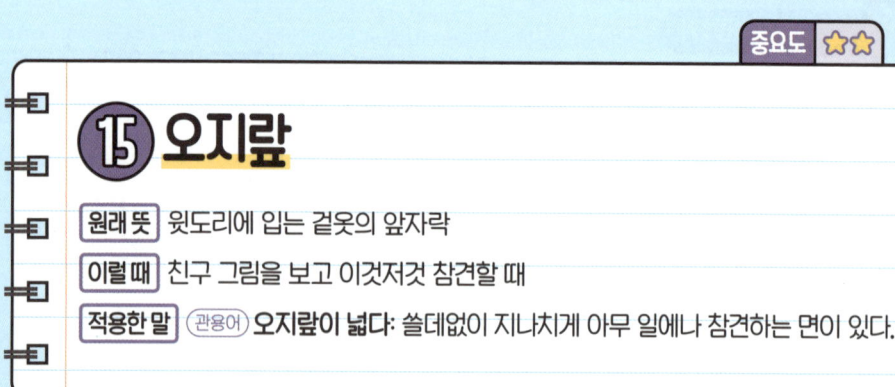

15 오지랖

원래 뜻 윗도리에 입는 겉옷의 앞자락

이럴 때 친구 그림을 보고 이것저것 참견할 때

적용한 말 (관용어) 오지랖이 넓다: 쓸데없이 지나치게 아무 일에나 참견하는 면이 있다.

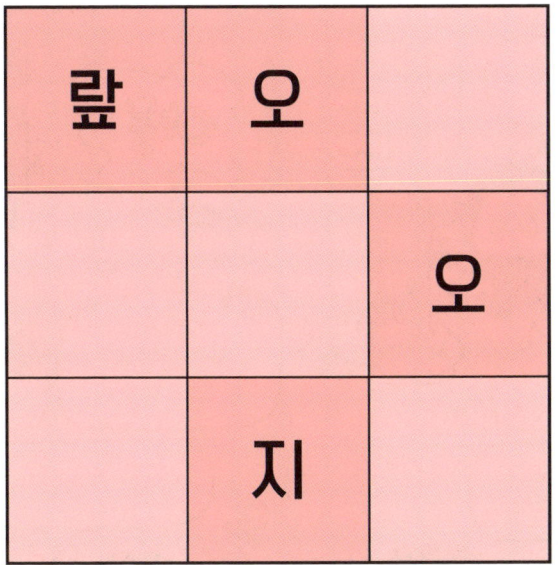

내 친구의 친구가 지갑을 잃어버려서 내가 돈을 빌려줬어.

넌 정말 _____이 넓은 것 같아.

힌트 오늘 배운 우리말과 연관된 어휘 1개를 찾아 ○ 하세요.

 **어떤 행동을 조심스럽고 부드럽게 할 때**

16 살포시

- **이런 뜻**: 포근하게 또는 드러나지 않게 살며시
- **이럴 때**: 나비가 꽃잎 위에 아주 가볍게 앉을 때
- **반대말** (우리말) **함부로**: 조심하거나 깊이 생각하지 않고 마음 내키는 대로 마구

중요도 ★★

살	시	
	포	
		시

 하얀 눈송이가 온 마을에 _____ 내려앉았어.

꼭 동화 속에 들어온 것 같아. 정말 예쁘다.

 힌트 내용에 어울리는 어휘를 찾아 ○ 하세요.

출입문 사용 시 주의 사항

새로 설치한 출입문에 손이 끼일 수 있으니 _____ 닫아 주시기 바랍니다.
특히 어린이들은 장난을 치다가 다치지 않도록 주의해 주세요.

| 살 | 아 | 포 | 대 | 찬 | 희 | 시 | 감 |

 한곳에 모여든 사람들로 매우 혼잡할 때

크리스마스트리 정말 예쁘다.

루돌프 사슴 코는 매우 반짝이는 코!

언제 사람들이 이렇게 많아졌지?

완전 **북새통**이잖아.

집에 가고 싶어.

온 지 얼마 되지도 않았는데?

윽!

사람들 틈에 눌려서 호박즙이 될 것 같아.

중요도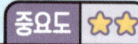

 북새통

| 이런 뜻 | 많은 사람이 야단스럽게 소란을 피우며 떠드는 상황
| 이럴 때 | 체험 부스 앞에 사람들이 한꺼번에 많이 몰려들어 줄도 제대로 서지 못할 때
| 비슷한말 | 관용어 | 발 디딜 틈이 없다: 복작거리며 혼잡스럽다.

	통	북
북	새	

 병원이 감기에 걸린 환자들로 _____ 이야.

아침저녁으로 기온 차이가 커서 그런가 봐. 감기 조심해야겠다.

힌트 내용을 읽고 암호가 무엇을 나타내는지 써 보세요.

공공질서를 잘 지키자!

어린이날 행사는 ★●▲ 속에서 진행되다 보니 질서를 지키지 않는 사람들이 많다. 여러 사람이 참여하는 만큼 서로 배려하는 자세가 필요하다.

★ ___   ● ___   ▲ ___

 무언가를 이루기 위해 마음의 준비를 하고 기다릴 때

"1분 동안 겨우 80개밖에 못 했어."
"난 140개 했어."
"열심히 연습해서 켄보다 줄넘기를 잘하고 말 거야."
하루...
이틀...
일주일...
"우리 줄넘기 대결 다시 하자."
"그래, 좋아."

"이번엔 145개야."
"이날만을 벼르고 있었군."
"두고 봐! 복수할 거야."
꺅
우쓱
"내가 이겼다! 난 150개 넘었지롱."
"암, 난 지고는 못 산다고! 다음에 도전하면 기꺼이 받아 줄게."

중요도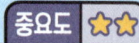

18 벼르다

[이런 뜻] 어떤 일을 이루려고 마음속으로 준비를 단단히 하고 기회를 엿보다.

[이럴 때] 오래전부터 갖고 싶던 장난감을 사려고 용돈을 모을 때

[비슷한 말] 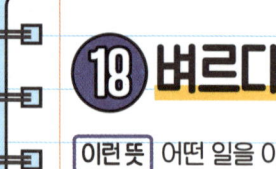 이를 갈다: 몹시 화가 나거나 분을 참지 못하여 독한 마음을 먹고 벼르다.

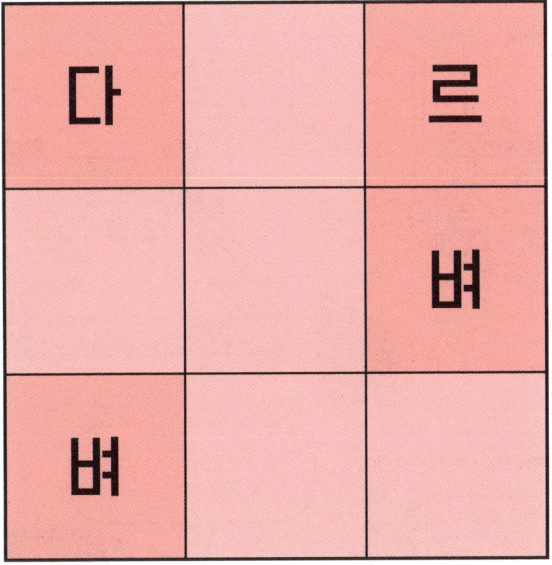

 유유랑 싸웠는데 계속 _____ 기만 하고 사과를 못 했어.

용기 내어 네 진심을 전해 봐. 분명 알아줄 거야.

힌트 오늘 배운 우리말과 연관된 어휘 1개를 찾아 ○ 하세요.

 **아들만 여럿인 집에서 유일하게 딸일 때**

뭘 그렇게 열심히 보고 있어?

정말?

심지어 고명딸이었는데, 어렸을 때 시장에서 잃어버렸대.

어떤 아저씨가 잃어버린 딸을 30년 만에 만나러 간대.

드디어 아빠와 딸이 만났어.

지금이라도 가족을 찾아서 다행이다.

너무 슬프면서도 감동적이야.

근데 넌 어째 눈물보다 콧물이 더 많이 나오는 것 같다.

중요도 ★★

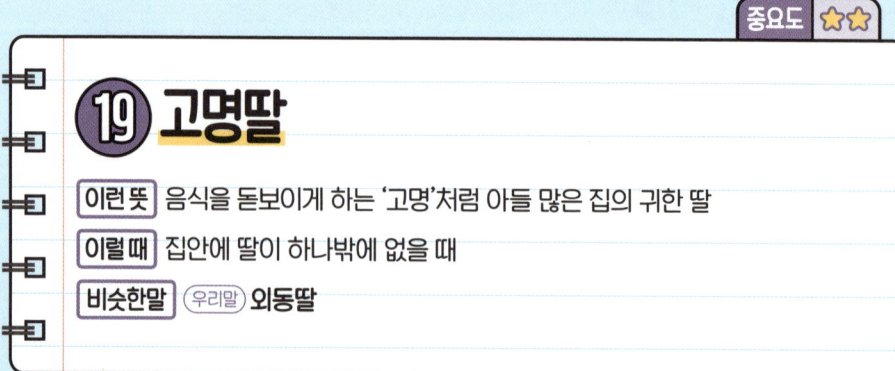

19 고명딸

- **이런 뜻** 음식을 돋보이게 하는 '고명'처럼 아들 많은 집의 귀한 딸
- **이럴 때** 집안에 딸이 하나밖에 없을 때
- **비슷한말** (우리말) 외동딸

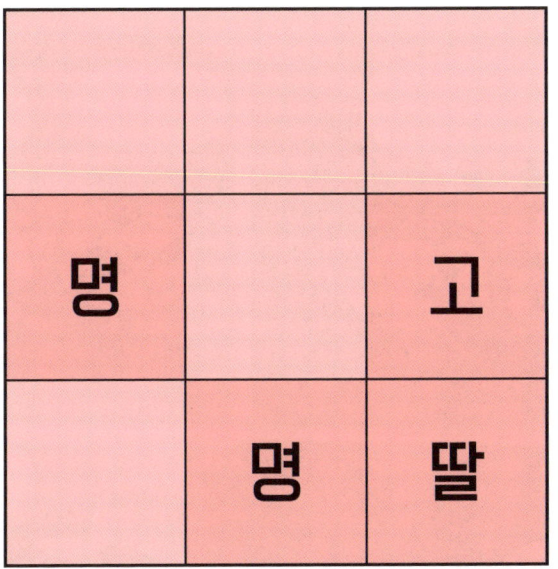

 우리 엄마는 아들 셋 사이에서 태어난 _____ 이야.

어머나, 귀여움을 독차지하며 자라셨겠다.

힌트 내용을 읽고 암호가 무엇을 나타내는지 써 보세요.

새로운 큐라를 만난 날

오늘 큐라의 여동생인 바비를 만났다. 바비는 큐라네 집의 ★●▲이라 귀하게 컸다고 했다. 바비가 뭐만 하려고 하면 잽싸게 달려가 도와주는 큐라의 모습이 신기했다.

★ _____   ● _____   ▲ _____

 밤하늘의 수많은 별이 구름 띠 모양으로 반짝일 때

중요도 ★

20 미리내

이런 뜻 '용이 사는 시내'라는 의미의 은하수
이럴 때 깜깜한 밤하늘에 별의 무리가 펼쳐져 있을 때

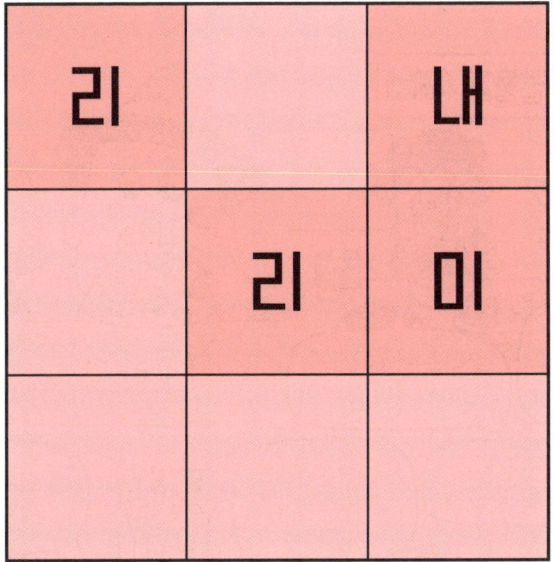

 네 눈은 고요한 밤하늘을 수놓은 _____ 처럼 반짝거려.

갑자기 왜 그래? 너 나한테 뭐 잘못했지?

힌트 내용에 어울리는 어휘를 찾아 ○ 하세요.

〈견우와 직녀〉를 읽고 나서

옥황상제의 노여움을 산 견우와 직녀는 칠월 칠석에만 만나야 했다. 하지만 두 사람 사이를 _____ 가 가로막자, 까마귀와 까치가 다리를 놓아주었다.

| 아 | 미 | 밤 | 표 | 화 | 리 | 착 | 내 |

 **다른 사람의 재주나 능력을 무시할 때**

---

21 깔보다

이런 뜻 남을 얕잡아 보다.

이럴 때 축구 실력이 부족하다고 우리 팀에 들어오고 싶어 하는 친구를 무시할 때

반대말 (우리말) 우러러보다: 마음속으로 공경하여 떠받들다.

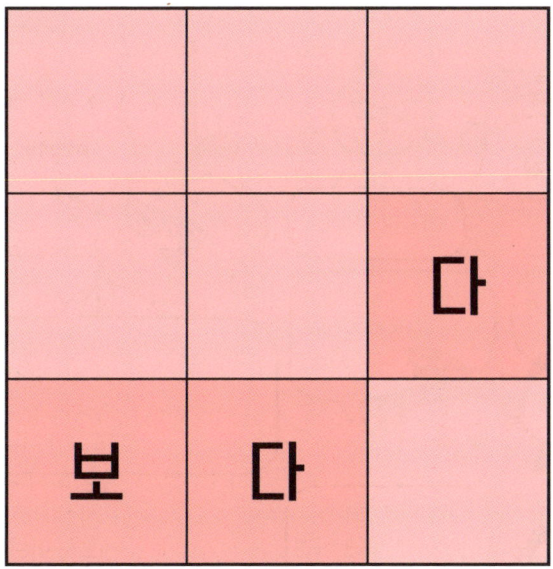

 펌킨이 내 옷차림을 보더니 _____ 면서 비웃었어!

엄청 속상하겠다. 나라도 기분 나쁠 것 같아.

힌트 내용에 어울리는 어휘를 찾아 ○ 하세요.

〈춘향전〉을 읽고 나서

고을에 변학도라는 새로운 사또가 왔다. 변 사또는 춘향이 기생의 딸이라는 이유로 _____ 억지로 시중을 들라고 했다. 하지만 춘향은 단호히 거부했다.

| 동 | 깔 | 서 | 남 | 보 | 북 | 히 | 며 |

태어나서 죽을 때까지의 과정을 말할 때

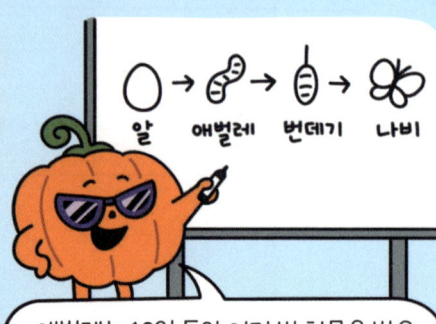

중요도 ⭐

22 한살이

- **이런 뜻** 동물이나 식물이 태어나서 성장하여 자손을 남기고 죽을 때까지의 과정
- **이럴 때** 나비가 알에서 곤충이 되기까지의 과정을 말할 때
- **비슷한말** (우리말) **한평생**: 살아 있는 동안

 한 살 이

	한	살
한		
	이	

다음 주 과학 시간에는 무슨 내용을 배워?

매미의 _____ 를 관찰할 거래.

힌트 내용에 어울리는 어휘를 찾아 O 하세요.

쑥쑥 자라라, 나의 강낭콩!

학교에서 받은 강낭콩 세 알을 흙에 심었다. 물도 주고, 햇빛이 잘 드는 창가에 두었더니 싹이 올라왔다. 강낭콩의 _____ 가 기대된다.

| 명 | 장 | 유 | 동 | 한 | 너 | 살 | 이 |

 해가 지기 시작할 때

23 해거름

- **이런 뜻** 해가 서쪽으로 넘어가는 무렵
- **이럴 때** 해가 지려고 하면서 하늘이 주황빛으로 물들 때
- **반대말** [우리말] **해돋이**: 해가 막 솟아오르는 때나 모습

 중요도

	거	
		름
해		거

 여행 갔다가 언제 왔어?

고속도로가 막혀서 _____ 이 돼서야 도착했어.

힌트) 내용을 읽고 암호가 무엇을 나타내는지 써 보세요.

붉게 물든 어촌 마을

친구들과 조개를 줍고 모래성을 쌓다 보니 어느새 ★●▲이 되어 하늘이 붉게 물들어 있었다. 꼭 그림 속 풍경 같았다.

★ ___ ● ___ ▲ ___

 옆으로 누워 불편하게 잠을 잘 때

중요도 ⭐

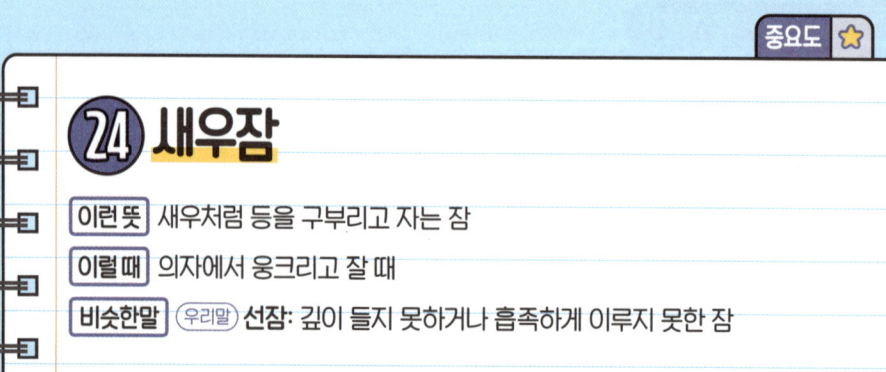

24 새우잠

- **이런 뜻** 새우처럼 등을 구부리고 자는 잠
- **이럴 때** 의자에서 웅크리고 잘 때
- **비슷한 말** (우리말) 선잠: 깊이 들지 못하거나 흡족하게 이루지 못한 잠

우	새	
	우	
새		

 밤늦게까지 공부하다가 바닥에서 _____ 을 잤어.

그렇게 자면 엄청 피곤할 텐데…

힌트 오늘 배운 우리말과 연관된 어휘 1개를 찾아 ○ 하세요.

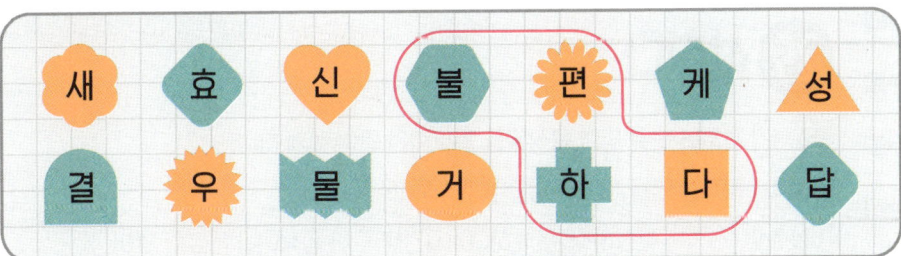

 **음식을 익혀서 맛이 들게 할 때**

"펌킨, 식혜 마실래?"

"내가 식혜 귀신인 거 어떻게 알고 물어보네."

"이건 내가 직접 만들었어. 밥에 엿기름을 넣고 삭혀서 설탕까지 더해 끓였지!"

"설명만 들어도 엄청 맛있을 것 같아."

"나 밥알 좋아하니까 많이 줘."

"더 먹고 싶으면 말해."

"이건 그냥 물 말은 밥이잖아!"

중요도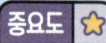

 삭히다

이런 뜻 김치나 젓갈 등의 음식물을 발효시켜 맛이 들게 하다.

이럴 때 감주를 만들기 위해 밥을 발효시킬 때

비슷한말 한자어 **숙성하다**(熟成하다): 시간을 두어 음식이나 음료의 맛이 더 좋아지도록 만들다.

 이 꼬릿꼬릿한 냄새는 뭐야?

할머니가 보내 준 젓갈인데 며칠 _____ 혀야 맛있대.

힌트 내용에 어울리는 어휘를 찾아 ○ 하세요.

내가 담근 김치 맛

가족들이 다 같이 모여 김장을 했다. 담근 김치는 하루 이틀 상온에 두고 _____ 과정을 거친다고 했다. 잘 익은 김치 맛은 어떨지 궁금하다.

| 자 | 특 | 삭 | 히 | 방 | 는 | 김 | 음 |

 **자식이 부모를, 손주가 조부모를, 후배가 선배를 사랑할 때**

중요도

26 치사랑

- **이런 뜻** 손아랫사람이 손윗사람을 사랑함
- **이럴 때** 엄마가 피곤해 보여서 안마를 해 드릴 때
- **반대말** (우리말) **내리사랑**: 손윗사람이 손아랫사람을 사랑함

치		랑
랑		사

 켄이 다리가 불편하신 할아버지를 모시고 매일 산책을 다닌대.

켄의 _____ 은 본받아야 해.

(힌트) 내용을 읽고 암호가 무엇을 나타내는지 써 보세요.

메가초등학교, 어르신들께 사랑 전해….

지난 3일, 메가초등학교 학생회가 경로당에 방문했다. 다양한 재능 나눔 공연으로 어르신들과 함께 즐거운 시간을 보내며 ★●▲을 실천했다.

★ ____ ● ____ ▲ ____

여름철 햇볕이 강하게 쏟아질 때

---

27 뙤약볕

- **이런 뜻** 여름날 몹시 뜨겁게 내리쬐는 해의 기운
- **이럴 때** 한여름에 걷기 힘들 정도로 햇볕이 뜨거울 때
- **비슷한말** (우리말) 불볕, 땡볕: 몹시 뜨겁게 내리쬐는 햇볕

	띄	볕
띄		약

 _____ 이 너무 따가워서 더 이상 못 걷겠어.

나무 그늘 아래에서 잠시 쉬었다 가자.

힌트 오늘 배운 우리말과 연관된 어휘 1개를 찾아 ○ 하세요.

 예상치 못한 큰 재앙이나 타격을 당할 때

중요도

㉘ 된서리

- **이런 뜻** 늦가을에 심하게 내리는 서리처럼 모진 재앙이나 타격
- **이럴 때** 갑자기 반 친구들이 싸우기 시작하면서 교실 분위기가 얼어 버릴 때
- **적용한 말** (관용어) 된서리를 맞다: 큰 피해를 입다.

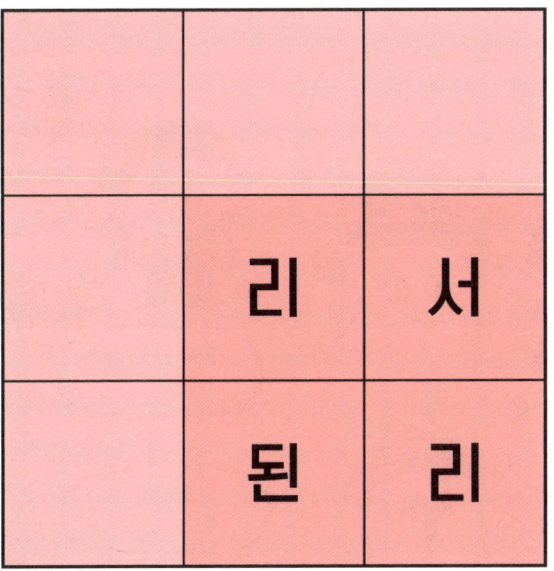

 모둠 활동 평가 잘 받았어?

열심히 했는데, 점수가 별로라서 _____ 맞은 기분이야.

힌트) 내용을 읽고 암호가 무엇을 나타내는지 써 보세요.

심각한 위기에 처한 여행 산업

세계적인 전염병의 영향으로 국내외 여행 산업이 ★●▲를 맞았다. 항공, 숙박, 여행사의 매출이 90% 이상 감소하면서 여행 업계 전반이 심각한 타격을 입었다.

★ _____ ● _____ ▲ _____

 **초저녁 무렵 약간 어두워질 때**

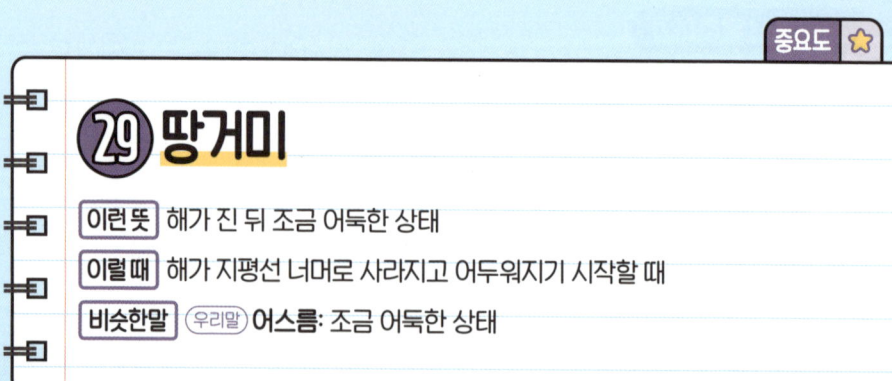

29 땅거미

- **이런 뜻**: 해가 진 뒤 조금 어둑한 상태
- **이럴 때**: 해가 지평선 너머로 사라지고 어두워지기 시작할 때
- **비슷한말**: (우리말) 어스름: 조금 어둑한 상태

	거	땅
	미	
		미

여기 왜 이렇게 사람이 많지? 무슨 행사 있나?

_____ 가 내리면 야시장이 열린대. 우리도 구경하자.

힌트 내용에 어울리는 어휘를 찾아 ○ 하세요.

밤빛에 물든 행궁 나들이

외국인 친구가 놀러 와서 우리나라의 아름다움을 알려 주기 위해 야간 행궁을 보러 갔다. _____ 가 지고 조명이 켜진 행궁의 모습에 입을 다물 수 없었다.

| 간 | 땅 | 륵 | 거 | 열 | 꿈 | 콜 | 미 |

 아기의 자는 모습이 나비가 날개를 펼친 것처럼 보일 때

"우리 집에 아기가 놀러 왔어. 보러 올래?"

"알았어. 금방 갈게."

"**나비잠** 자고 있으니까 깨지 않게 조심해."

"꺅!"

"너무 귀여워서 깨물어 주고 싶어."

"아기가 일어났어."

"으아앙"

"앗!"

"그러니까 조용히 하라고 했잖아."

"기저귀도 갈아 주고 분유도 먹였는데, 왜 울음을 안 그치지?"

"쿠엥~"

"제발 다시 자라, 아기야."

중요도

㉚  나비잠

[이런 뜻] 갓난아이가 두 팔을 머리 위로 벌리고 자는 잠

[이럴 때] 아기가 팔과 다리를 살짝 벌리고 평화롭게 잘 때

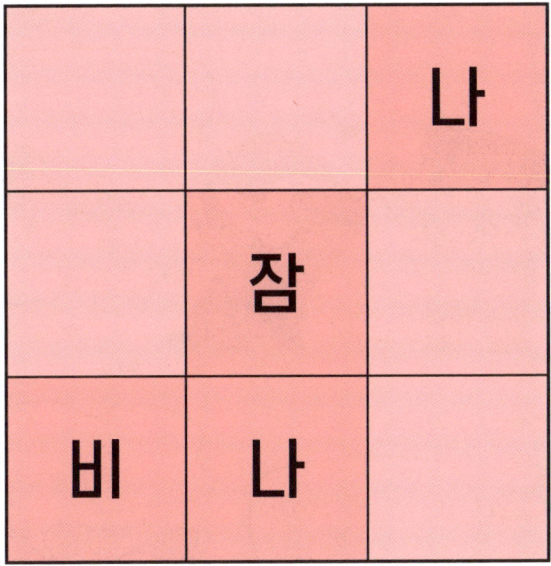

 켄이 수영 대회에 갔다 와서 정말 피곤했나 봐.

꼭 아기처럼 _____ 을 자네.

힌트 오늘 배운 우리말과 연관된 어휘 1개를 찾아 ○ 하세요.

 음식을 반복해서 씹거나 의미를 곰곰이 되새길 때

---

31 곱씹다

- **이런 뜻** 음식을 거듭하여 씹거나 말, 생각 등을 여러 번 되풀이하다.
- **이럴 때** 재밌게 읽은 책의 내용을 다시 떠올릴 때
- **비슷한말**  되새기다: 음식을 삼키지 않고 자꾸 씹거나 지난 일에 대해 골똘히 생각하다.

중요도

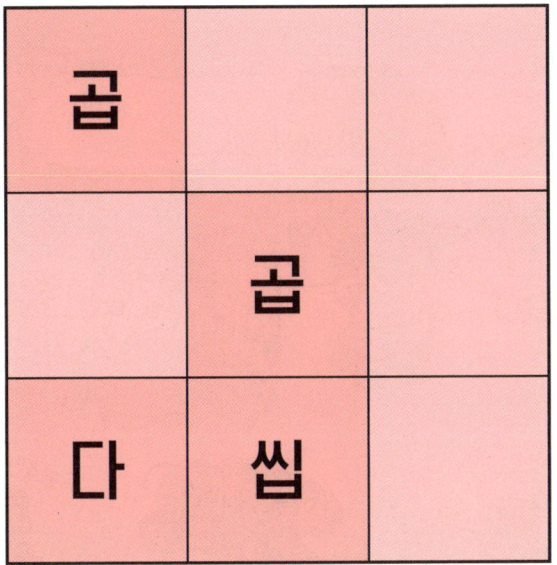

 농구 시합에서 연장전까지 갔는데, 우리 팀이 져서 정말 속상해!

혹시 실수한 것은 없는지 _____ 고 다음에 더 잘해 보자.

힌트 내용에 어울리는 어휘를 찾아 〇 하세요.

유유에게

나한테 뭐 서운한 거 있어? 벌써 며칠 째 밥도 같이 안 먹고, 집에도 혼자 가잖아. 내가 뭘 잘못했는지 기억을 _____ 잘 모르겠어.

| 비 | 가 | 곱 | 씹 | 반 | 어 | 둔 | 도 |

 **조용히 부슬부슬 비가 내릴 때**

32 가랑비

- **이런 뜻** 가늘게 내리는 비
- **이럴 때** 놀이터에서 놀고 있는데 어느새 비가 조금씩 내릴 때
- **적용한 말** : 작은 것이 반복되다 큰일이 되다.

중요도

랑	가	
	비	
비		

 지금 야구 경기장에 있는 큐라랑 통화했는데 _____ 가 내린대.

빗속에서도 응원하다니 진정한 야구 팬 맞네!

힌트 내용을 읽고 암호가 무엇을 나타내는지 써 보세요.

하늘아, 도와줘!

캠핑을 가려고 아침부터 서둘렀다. 우리가 출발할 땐 날씨가 화창했는데, 먹구름이 잔뜩 끼더니 ★●▲가 내리기 시작했다. 빨리 비가 멈추고 하늘이 맑아지면 좋겠다.

 **어떤 상황에서 마땅한 방법이 없을 때**

중요도

③③ 하릴없다

[이런 뜻] 달리 어떻게 할 도리가 없다.

[이럴 때] 이미 일어난 일이라 어쩔 수 없이 받아들여야 할 때

[비슷한말] (우리말) 속절없다.

	하		다
다	릴	하	
		다	
	다	없	

연극반 오디션 본 건 아직 소식 없어?

응. 연락 올 때까지 _____ 이 기다리는 수밖에….

(힌트) 내용에 어울리는 어휘를 찾아 ○ 하세요.

바쁜 아이들, 편의점에서 저녁을 때우다

오후 5~6시 무렵이 되면 학원가의 편의점은 수많은 사람으로 북적인다. 학원에 다니느라 바쁜 아이들이 _____ 삼각김밥이나 컵라면으로 한 끼를 해결하는 것이다.

| 말 | 하 | 잠 | 릴 | 허 | 없 | 책 | 이 |

 하던 일을 중간에 그만둘 때

중요도 ★★★

34 팽개치다

이런 뜻 못마땅하거나 싫증이 나서 물건, 일을 내던지다.

이럴 때 숙제하기 싫어서 공책을 책상 위에 아무렇게나 놓고 나올 때

비슷한 말 우리말 **내동댕이치다**: 아무렇게나 힘껏 내던지거나 포기하다.

 팽 개 치 다

팽	다	개	
			팽
개	치		
	팽		개

 큐라가 갑자기 가방을 ＿＿＿＿＿고 나가던데 무슨 일이야?

집 앞에 만들어 놓은 눈사람을 누가 망가뜨렸대.

힌트 오늘 배운 우리말과 연관된 어휘 1개를 찾아 ○ 하세요.

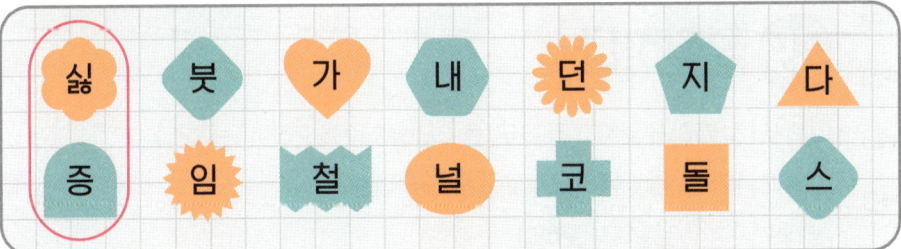

 **옷차림이 깨끗하거나 일솜씨가 반듯하고 야무질 때**

 **칠칠하다**

중요도 ★★★

이런 뜻 잘 자라서 알차고 긴 나무, 풀, 머리털처럼 깨끗하고 단정하다.

이럴 때 음식을 입에 묻히지 않고 깔끔하게 먹을 때

반대말 (우리말) 칠칠하지 못하다.

하			칠
다	칠	칠	
칠	하		다

큐라가 새 학기 회장이 됐다면서?

무슨 일이든 _____게 해내서 친구들이 좋아해.

힌트 오늘 배운 우리말과 연관된 어휘 1개를 찾아 ○ 하세요.

 ## 상대방의 처지가 가엾게 여겨질 때

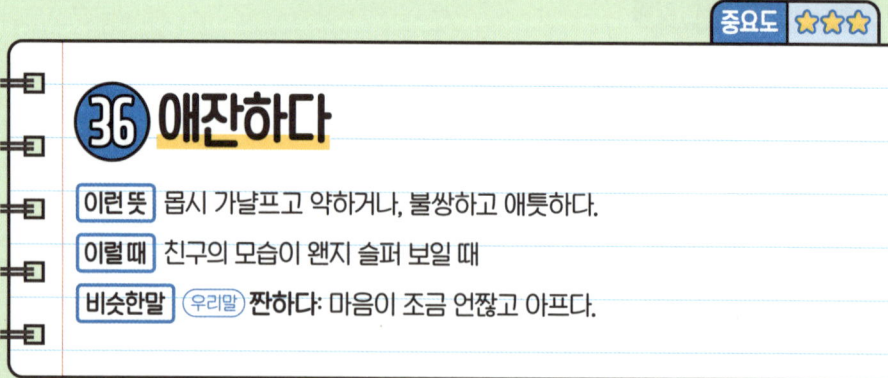

36 애잔하다

- **이런 뜻**: 몹시 가냘프고 약하거나, 불쌍하고 애틋하다.
- **이럴 때**: 친구의 모습이 왠지 슬퍼 보일 때
- **비슷한 말**: (우리말) 짠하다: 마음이 조금 언짢고 아프다.

 애 잔 하 다

하	잔	애	
			잔
다	애		
	하		애

정들었던 선생님과 헤어지게 되다니 너무 슬퍼.

펌킨도 어찌나 울던지 울음소리가 _____ 게 들렸어.

힌트 내용에 어울리는 어휘를 찾아 ○ 하세요.

수컷 매미의 일생

수컷 매미는 땅속에서 오랫동안 애벌레로 지내다가 다 자라면 땅 위로 올라와 운다. 일주일에서 보름 정도밖에 못 살아서 그럴까? 울음소리마저 _____.

| 애 | 곰 | 잔 | 자 | 서 | 도 | 하 | 다 |

 앞으로 일어날 일에 대하여 걱정이 되어 조마조마할 때

37 안절부절

 이런 뜻 마음이 초조하고 불안하여 어찌할 바를 모르는 모양
 이럴 때 숙제를 안 해서 덜덜 떨고 있을 때
 적용한 말  안절부절못하다.

	절	안	절
절		부	
			안
	절		부

 정신 사나워! 왜 이렇게 가만있질 못하는 거야?

스마트폰을 집에 두고 왔더니 _____ 못하겠어.

힌트 오늘 배운 우리말과 연관된 어휘 1개를 찾아 ○ 하세요.

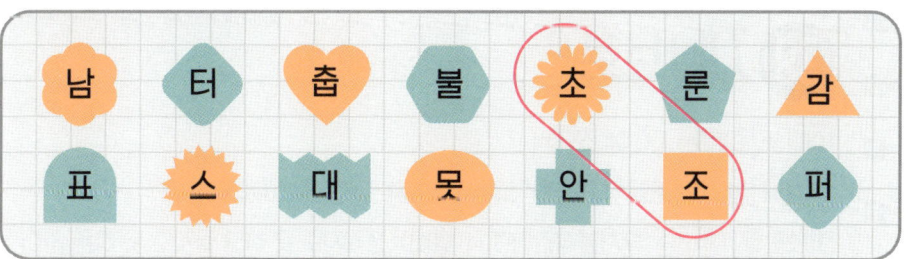

| 남 | 터 | 춥 | 불 | 초 | 룬 | 감 |
| 표 | 스 | 대 | 못 | 안 | 조 | 퍼 |

어떤 일이 서서히 진행될 때

네가 도서관에는 웬일이야? 책이라면 질색했잖아.

예전의 켄은 잊어 줘. 책과 **시나브로** 가까워질 거거든.

정말? 놀랍네.

사실은 책 100권 읽으면 엄마가 드론 사 준다고 했어.

탁-

이제 마지막 100권째야.

후~

너무 자세히 알려고 하지 마. 때론 모르는 게 약이라고.

절레절레

아무리 봐도 대충 읽은 것 같은데….

드론에 눈이 멀었군.

38 시나브로

- **이런 뜻**: 모르는 사이에 조금씩
- **이럴 때**: 날마다 조금씩 연습하다 보니 어느새 글씨가 예쁘게 써질 때
- **비슷한 말** (고사성어) **부지불식간(不知不識間)**: 생각지도 못 하고 알지도 못 하는 사이

시	나		로
	브	시	
	시		
		나	시

 내가 좋아하는 가을이 왔어!

길가에 단풍잎이 _____ 알록달록하게 물들어 가고 있더라.

 내용을 읽고 암호가 무엇을 나타내는지 써 보세요.

〈강아지 똥〉을 읽고 나서

돌담길에 버려진 강아지 똥은 스스로 쓸모없다고 여겼다. 하지만 민들레꽃을 만나 자신이 꽃을 피우는 데 필요한 존재라는 것을 깨닫고 ★나●▲ 마음이 따뜻해졌다.

★ ___   ● ___   ▲ ___

어떤 일이 못마땅하여 무뚝뚝하게 말할 때

우리 풍선 놀이 할래?

너무 시시해!

그건 재미없어!

그럼 오랜만에 알까기 할까?

펌킨, 무슨 불만 있어? 왜 계속 **볼멘소리**로 툴툴대는 거야?

예전에 너희도 내가 하자는 놀이마다 다 싫다고 했잖아. 그때 얼마나 속상했는지 알아?

1년 전의 일을 아직도 마음에 두고 있다니…

헐~

난 5년 전의 일도 똑똑히 기억한다고!

아휴

무서워서 말도 못 하겠네.

중요도 ★★★

39 **볼멘소리**

- **이런 뜻** 서운하거나 화가 나서 퉁명스러운 말투
- **이럴 때** 엄마의 계속된 잔소리에 질려 대꾸할 때
- **비슷한말** (우리말) 투덜대다: 남이 알아듣기 어려울 정도의 낮은 목소리로 자꾸 불평하다.

	소	리	
	멘	소	
소	볼		리
멘			

 유유네 아빠가 유유한테만 자꾸 심부름을 시킨대.

어쩐지 아까부터 입을 삐죽거리면서 _____를 하더라.

힌트 오늘 배운 우리말과 연관된 어휘 1개를 찾아 ○ 하세요.

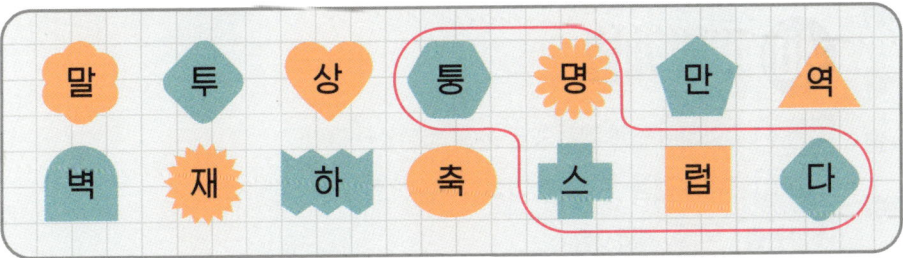

글씨를 제멋대로 아무렇게나 써 놓았을 때

"뉴스에서 봤는데 세계에서 가장 기억력이 좋은 할머니가 60년 동안 일기를 쓰셨대."

"정말 대단하시네!"

"나도 오늘부터 꾸준히 일기를 쓸 거야."

"넌 글씨 연습부터 하는 게 좋을 것 같은데?"

"내 글씨가 어디가 어때서?"

찌릿

"괴발개발로 쓰잖아."

쌩~

"할 수 없지. 당장 한석봉 글씨 학원 등록하러 가야겠다."

쯧-

"일기 쓰기까지 3년은 걸리겠군."

중요도 ★★★

④ 괴발개발

- **이런 뜻** 고양이의 발과 개의 발로 쓴 듯 형편없는 글씨
- **이럴 때** 그림을 대충 그려서 선이 삐뚤빼뚤하고 색깔도 엉망일 때
- **비슷한 말** (우리말) 개발새발

개		발	괴
			발
발	괴		
	개		발

 저번에 숲 체험하러 갔을 때 참나무에 대해 메모해 둔 거 있어?

응. 그런데 _____로 써서 나도 무슨 내용인지 모르겠어.

힌트 내용을 읽고 암호가 무엇을 나타내는지 써 보세요.

글씨를 바르게 쓰자!

흔히 글씨를 '마음의 거울'이라고 한다. 하지만 시간이 없어서 또는 귀찮아서 글씨를 ★발●▲로 쓴다면 내 생각이나 기분을 다른 사람에게 제대로 전달하기가 어렵다.

★ ● ▲

겉으로 투박해 보이는 사람이 뜻밖에 다정한 태도를 보일 때

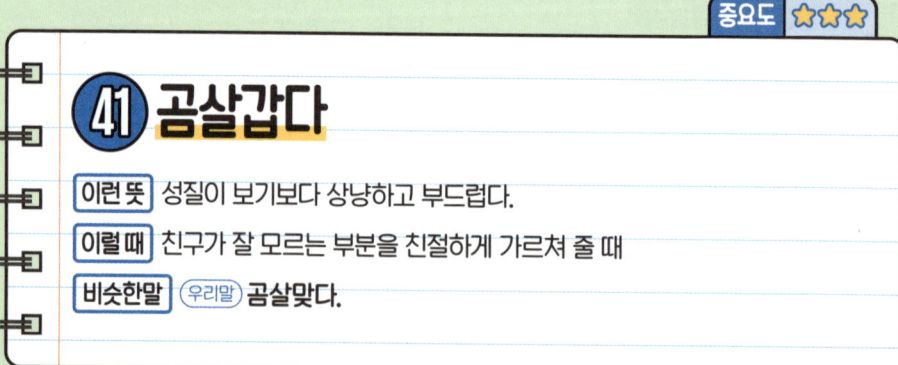

중요도 ★★★

41 곰살갑다

이런 뜻 성질이 보기보다 상냥하고 부드럽다.

이럴 때 친구가 잘 모르는 부분을 친절하게 가르쳐 줄 때

비슷한 말 (우리말) 곰살맞다.

갑		다	
	다		
살	갑		다
	곰		살

옆 반에 새로 전학 온 애 봤어?

아까 처음 봤는데 _____게 인사하더라고. 붙임성이 좋나 봐.

힌트 내용에 어울리는 어휘를 찾아 ○ 하세요.

새 친구를 사귄 날

새 학년이 되면서 친했던 친구들과 뿔뿔이 흩어졌다. 그런데 오늘 같은 반 친구가 _____ 말을 걸어왔다. 먼저 손을 내밀어 줘서 고마웠다.

온	곰	살	말	형	갑	변	게

어딘가 채워지지 않은 허전한 느낌이 들 때

펌킨, 여행 잘 다녀와. 우리 선물도 잊지 말고!

펌킨이 없으니까 너무 헛헛해.

그러게. 벌써 보고 싶다.

지금쯤 뭐 하고 있을까?

여긴 어디? 나는 누구? 그냥 다시 돌아갈래!

중요도 ★★

42 헛헛하다

- **이런 뜻**: 뱃속이나 마음이 빈 듯한 느낌이 들다.
- **이럴 때**: 매일 같이 놀던 친구가 이사 가서 빈자리가 느껴질 때
- **비슷한 말** (우리말) 휑하다: 속이 비고 넓기만 하여 매우 허전하다.

 헛 헛 하 다

헛		헛	하
	헛		
		하	
다	하		헛

 할아버지는 터미널에 잘 모셔다 드렸어?

방학 동안 쭉 같이 지내다가 헤어져서 마음이 _____ 해.

 힌트 오늘 배운 우리말과 연관된 어휘 1개를 찾아 O 하세요.

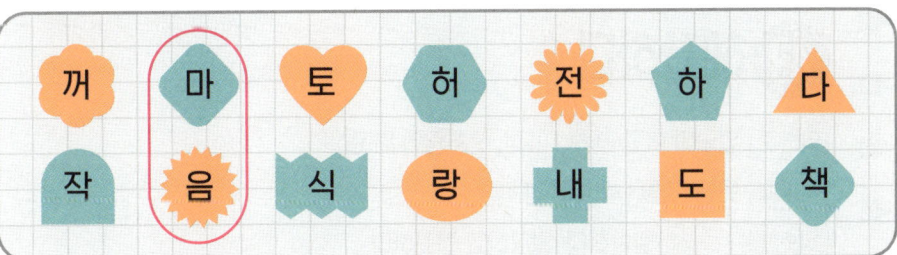

 **분위기가 맑고 환한 느낌을 줄 때**

중요도 ★★

㊸ 해사하다

- **이런 뜻** 얼굴이 희고 곱거나 표정, 옷차림이 깨끗하다.
- **이럴 때** 웃는 모습에서 빛이 날 때
- **비슷한 말** (우리말) **말쑥하다**: 말끔하고 깨끗하다.

	하		사
사	다		
		사	다
다		해	

 벚꽃 축제에 어떤 옷을 입고 갈까?

봄날에 어울리는 _____한 옷차림이 좋을 것 같아.

힌트 내용을 읽고 암호가 무엇을 나타내는지 써 보세요.

내 전속 사진사, 큐라에게

오늘 네가 찍어 준 사진을 보는데 내 미소가 햇살같이 ★●▲더라. 아마 너희랑 보내는 시간이 즐거웠나 봐. 다음에도 인생 사진 부탁해.

★ ___   ● ___   ▲ ___

 **자신의 생각 없이 경솔하게 굴 때**

"왜 이렇게 걸음이 빠른 거야? 같이 가!"

후다닥

"깜짝이야! 네 입에서 피가 나."

"피라고?"

푸하하

"지금 이 상황에서 웃음이 나와? 너도 참 주책없다."

"이건 피가 아니라 케첩이지롱."

띠용

"깜빡 속았네."

중요도

44 <u>주책없다</u>

[이런 뜻] 일정한 줏대 없이 이랬다저랬다 하여 몹시 경솔하고 믿음이 가지 않다.

[이럴 때] 친구가 전혀 웃을 만한 상황이 아닌데 혼자 웃을 때

[비슷한말] (우리말) 주책맞다.

 주 책 없 다

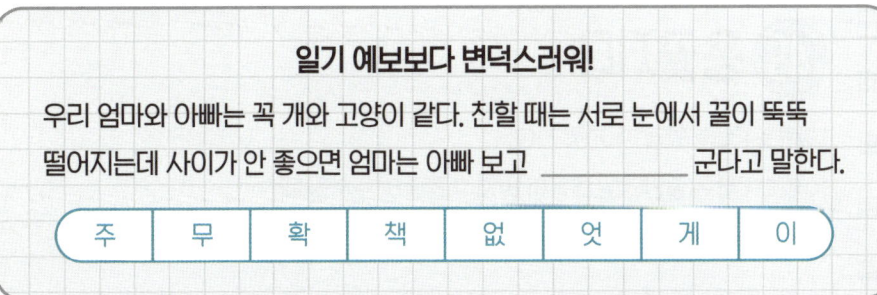

 펌킨이 어제 처음 만난 친구 앞에서 개다리 춤을 췄대.

아무리 친해지고 싶다지만 너무 _____ 는 거 아니야?

힌트 내용에 어울리는 어휘를 찾아 ○ 하세요.

일기 예보보다 변덕스러워!

우리 엄마와 아빠는 꼭 개와 고양이 같다. 친할 때는 서로 눈에서 꿀이 뚝뚝 떨어지는데 사이가 안 좋으면 엄마는 아빠 보고 _____ 군다고 말한다.

| 주 | 무 | 확 | 책 | 없 | 엇 | 게 | 이 |

 **무언가 부족함 없이 알찰 때**

---

45 옹골지다

- **이런 뜻** 실속 있게 속이 꽉 차다.
- **이럴 때** 짧은 글인데도 내용이 알차고 감동이 느껴질 때
- **비슷한 말** (우리말) 옹골차다.

중요도 ★★

지		옹	
다		골	
	다		골
	지		옹

 우리 할머니네 앞마당에서 딴 알밤인데 한번 먹어 봐.

정말 _____게 잘 익었네. 맛도 기대되는걸?

힌트 오늘 배운 우리말과 연관된 어휘 1개를 찾아 ○ 하세요.

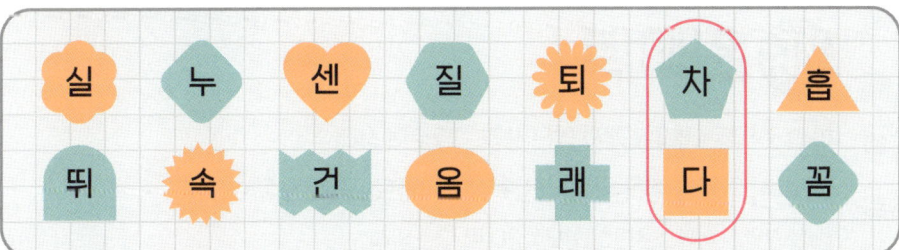

 원래의 모습을 변함없이 간직하고 있을 때

중요도 ★★

46 온새미로

이런 뜻 가르거나 쪼개지 않은 생긴 그대로의 상태

이럴 때 어릴 때 찍은 가족사진 속 집이 지금도 그대로일 때

비슷한말 (우리말) 온전히: 본래 그대로 고스란히

온	미		새
	새	미	
새			미
		새	

이 민속촌은 세계 문화유산으로 지정됐대.

조선 시대에 지어진 집들이 _____ 남아 있다니 놀랍다.

힌트 내용을 읽고 암호가 무엇을 나타내는지 써 보세요.

할머니의 따뜻한 밥상

시골에 계신 할머니 댁에 다녀왔다. 도착하자마자 할머니가 밥을 차려 주셨다. 할머니의 된장찌개는 언제 먹어도 ★새●▲ 구수하고 맛있었다.

★ ___   ● ___   ▲ ___

 **미처 생각하지 못한 당황스러운 순간이 닥칠 때**

헐레벌떡

네 댄스 영상이 지금 조회 수 100만을 넘었어!

진짜? 믿기지가 않아!

난 그냥 큐라 따라서 **엉겁결에** 찍었을 뿐인데 이렇게 인기가 많을 줄 몰랐네.

넌 이제 너튜브 스타가 된 거야. 난 스타의 절친이고.

아싸~ 스타친구 스타

스타님, 이쪽으로 가시죠.

연예인 놀이에 단단히 빠졌군. 못 말려!

중요도

엉겁결에

이런 뜻 자기도 모르는 사이에 갑작스레

이럴 때 친구가 갑자기 공을 던져서 자기도 모르게 받았을 때

비슷한말 (우리말) **느닷없이**: 나타나는 모양이 아주 뜻밖이고 갑작스럽게

	엉	겁	
에			결
	결	에	
엉			겁

 너희 모둠에서 네가 조장이라며?

아무도 손을 안 들어서 _____ 하겠다고 했는데 걱정이야.

힌트 내용에 어울리는 어휘를 찾아 O 하세요.

엘리베이터 타기 무서워!

등굣길에 아랫집 아주머니가 개를 데리고 엘리베이터를 탔다. 그런데 갑자기 개가 짖는 바람에 나도 너무 놀라서 _____ 비명을 지르고 말았다.

| 류 | 엉 | 겁 | 덩 | 결 | 이 | 에 | 설 |

자신의 처지와 능력이 부족하면서도 제법인 척할 때

중요도 ★★

48 어쭙잖다

[이런뜻] 비웃음을 살 만큼 말과 행동이 분수에 넘치거나, 아주 어설프다.

[이럴때] 우쿨렐레 배운 지 얼마 안 됐는데 연주를 잘하는 척할 때

[비슷한말] (속담) 하늘 높은 줄 모르다: 자신의 분수를 모르다.

다			어
	어	쭙	
	잖	다	
쭙			잖

 내가 너보다 맞춤법 더 잘 알걸?

국어 시험 50점 맞았으면서 _____ 게 큰소리를 치다니 놀랍네!

힌트: 오늘 배운 우리말과 연관된 어휘 1개를 찾아 O 하세요.

 **마음이 쓰라릴 정도로 슬플 때**

어떤 귀여운 친구들을 만날지 기대돼!

우리 원숭이부터 보러 가자.

큐라야, 왜 울어?

좁은 우리 안에 갇혀 있는 원숭이를 보니까 너무 애달파.

우끼끼, 우끼끼끼

갑자기 희한한 행동을 하네.

조용히 해! 원숭이랑 대화 중이야.

끼기, 끼기기

헐!

중요도

 **49 애달프다**

[이런 뜻] 마음이 안타깝거나 쓸쓸하다.

[이럴 때] 잃어버린 강아지를 찾으러 다니는 할머니를 볼 때

[비슷한말] (우리말) 눈물겹다: 눈물이 날 만큼 가엾고 애처롭다.

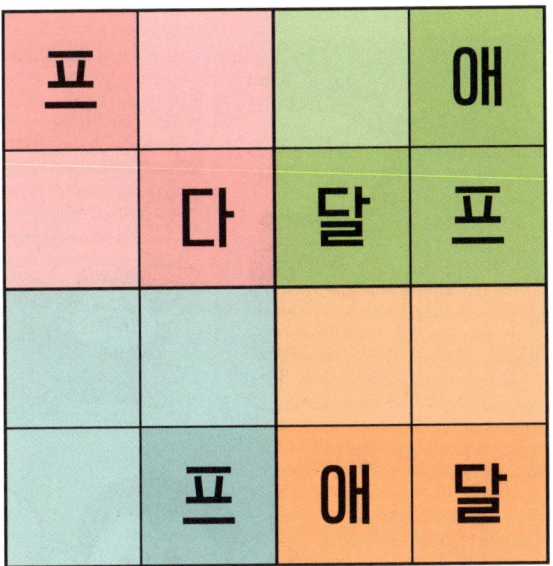

 우리 할아버지는 전쟁 때문에 평생을 부모님과 떨어져야 했대.

그런 _____ 픈 사연이 있을 줄이야…. 부모님이 많이 그리우셨겠다.

힌트) 오늘 배운 우리말과 연관된 어휘 1개를 찾아 ○ 하세요.

 음식이나 물건을 푸짐하게 담을 때

50 안다미로

- **이런 뜻** 담은 것이 그릇에 넘치도록 많이
- **이럴 때** 바구니에 감을 가득 담았을 때
- **비슷한 말** (우리말) **수북이**: 쌓이거나 담긴 물건이 불룩하게 많이

중요도 ★★

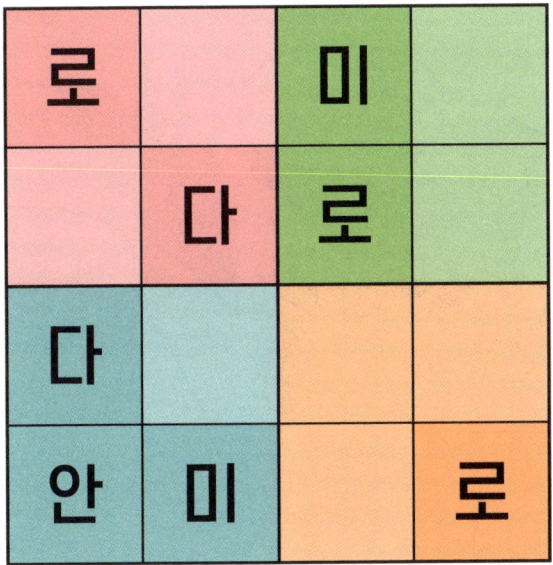

 우리 집에 팝콘 있는데 먹을래?

배고프니까 그릇에 _____ 담아 줘.

힌트) 내용에 어울리는 어휘를 찾아 O 하세요.

정이 넘치는 전통 시장

엄마와 전통 시장에 갔다. 과일 가게 아저씨는 복숭아를 _____ 담아 주고, 생선 가게 아줌마는 고등어를 한 마리 더 얹어 줬다. 꼭 부자가 된 기분이었다.

| 안 | 록 | 느 | 다 | 미 | 플 | 적 | 로 |

 **더운 날 햇볕에 달궈진 공기가 공중에서 아른댈 때**

중요도 ★★

51 아지랑이

- **이런 뜻** 햇빛이 강해서 땅 위로 연기가 피어오르는 것처럼 사물이 아른거리는 현상
- **이럴 때** 한여름 아스팔트 도로 위에서 공기가 일렁이는 것처럼 보일 때
- **비슷한 말** (한자어) 신기루(蜃氣樓): 빛이 반사되어 땅 위에 어떤 물체가 있는 것처럼 보이는 현상

아			
랑	지	이	
		아	랑
지			이

 낮 최고 기온이 35도까지 올라간대. 완전 찜통더위야!

오늘은 _____ 속을 걸어 다니게 생겼네.

힌트 오늘 배운 우리말과 연관된 어휘 1개를 찾아 ○ 하세요.

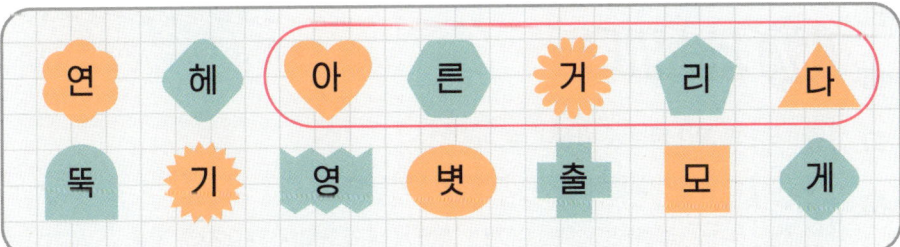

 **망설임 없이 바로 행동할 때**

— 다 먹지도 못 하면서 너무 많이 사는 거 아니야?
— 괜찮아. 오늘 용돈 받아서 나 부자야.

다음 날
— 배고픈데 돈이 하나도 없네. 이를 어쩐담?
꼬르륵
— 어제 그렇게 서슴없이 돈을 쓰더니 그럴 줄 알았지.
— 어제로 다시 돌아갈래!
절레절레

 중요도 ★★

 서슴없다

| 이런 뜻 | 말이나 행동에 거침이 없다.
| 이럴 때 | 선생님의 질문에 자신 있게 손을 들고 대답할 때
| 반대말 | 우리말 **주춤하다**: 망설이거나 가볍게 놀라서 갑자기 멈칫하거나 몸이 움츠러들다.

			서
없		슴	다
서	없		슴
다			

 내가 국어 시간에 필기한 노트 빌려줄게.

내 부탁을 _____ 이 들어줘서 고마워. 앞으로는 절대 안 졸게.

 힌트 내용을 읽고 암호가 무엇을 나타내는지 써 보세요.

추운 겨울을 녹인 따뜻한 손길

눈길에 미끄러져 움직이지 못하던 차량을 시민들이 ★●▲이 다가가 밀어 주는 모습이 포착됐다. 한 시간 넘게 힘을 합친 끝에 차와 운전자 모두 무사히 구조됐다.

 ___   ___   ___

 **사람이 많이 모여서 시끌벅적할 때**

53 북적이다

이런 뜻 많은 사람이 한곳에 모여 매우 소란스럽다.

이럴 때 놀이공원에 갔는데 줄이 끝이 없고 사람이 많을 때

비슷한말 (우리말) **북새통**: 많은 사람이 야단스럽게 떠드는 상황

중요도

	적	북	
북			적
다			이
	이	다	

 우리나라 음식 전시관이 가장 인기가 많나 봐.

외국인 관광객들로 _____여서 발 디딜 틈이 없대.

힌트 내용에 어울리는 어휘를 찾아 ○ 하세요.

오늘부터 귀성 행렬 시작

설을 앞두고 고향에 내려가려는 사람들로 철도역과 버스 터미널, 공항이 _____ 있다. 가족과 함께할 생각에 저마다 표정이 밝다.

| 로 | 크 | 북 | 디 | 적 | 문 | 이 | 고 |

 어떤 상황이 쑥스럽고 민망할 때

54 머쓱하다

이런 뜻 창피를 당하거나 흥이 꺾여 어색하고 부끄럽다.

이럴 때 친구가 도움이 필요하다고 해서 갔는데 이미 일이 다 해결되었을 때

비슷한말 (우리말) 멋쩍다: 어색하고 쑥스럽다.

쓱		머	다
다			
			하
하	쓱		머

 유유가 사과하려고 손을 내밀었는데 큐라가 획 돌아섰대.

어쩐지 유유가 _____ 한 듯 머리를 긁적이더라고.

힌트 오늘 배운 우리말과 연관된 어휘 1개를 찾아 O 하세요.

 인정사정없이 아주 쌀쌀맞게 굴 때

중요도 ★★

55 매몰차다

이런 뜻 사냥꾼들이 꿩을 한쪽으로 몰다가 꿩이 날아오르면 '매'가 꿩을 잡는 모습처럼 쌀쌀맞다.

이럴 때 실수한 친구에게 괜찮다고 하지 않고 혼내기만 할 때

비슷한 말 (우리말) 매정하다: 얄미울 정도로 쌀쌀맞고 인정이 없다.

 펌킨한테 나도 같이 축구하고 싶다고 했더니 방해된다고 빠지래.

아니, 그렇게 _____ 게 굴었단 말이야?

힌트) 내용을 읽고 암호가 무엇을 나타내는지 써 보세요.

〈별주부전〉을 읽고 나서

토끼의 간을 먹으면 병이 낫는다는 용왕을 위해 자라는 육지로 나갔다. 온갖 달콤한 말들로 결국 토끼를 꾀는 데 성공하지만 용왕의 간 요구에 토끼는 ★●▲게 거절했다.

정신 상태가 매우 분명하고 또렷할 때

아, 샤워하고 나왔더니 목말라.

안 돼! 그거 커피우유란 말이야!

초코우유인 줄 알고 다 마셔 버렸어.

꿀꺽꿀꺽

커피우유

그날 밤

정신이 **말똥해서** 잠이 하나도 안 와. 양을 세어 봐도 소용없어. 어떡하지?

힝

누가 업어 가도 모르게 자고 있네. 부럽다.

드르렁~

중요도

말똥하다

이런 뜻 눈빛이나 정신이 맑고 생기가 있다.

이럴 때 아침에 푹 자고 일어나 눈이 번쩍 떠질 때

반대말 (우리말) 흐리멍덩하다: 정신이 맑지 못하고 흐리다.

 말 똥 하 다

하	똥	말	
말		똥	
		하	똥
똥	하		

 갓 태어난 송아지 본 적 있어?

시골에서 봤어. _____ 한 눈으로 쳐다보는데 엄청 귀엽더라.

힌트 내용에 어울리는 어휘를 찾아 ○ 하세요.

큐라에게

트램펄린에서 놀다가 떨어져서 병원에 입원했다는 소식을 듣고 깜짝 놀랐어. 널 보러 갔을 때 _____ 눈으로 괜찮다고 말해서 얼마나 다행이었는지 몰라.

| 사 | 말 | 칼 | 똥 | 브 | 섯 | 한 | 표 |

 **갑자기 상황에 맞지 않는 엉뚱한 행동을 할 때**

"이것 봐라. 부럽지?"

"웬 마카롱이야? 맛있어 보이는데 나도 좀 줘."

꼬르륵

"마카롱이라니, 뜬금없이 무슨 소리야?"

"너야말로 왜 그래? 나랑 그렇게 나눠 먹기 싫어?"

"이거 마카롱이 아니라 슬라임이야."

"배고프니 별게 다 먹는 걸로 보이네."

아이쿠

중요도 ★★

57 뜬금없다

[이런 뜻] 갑작스럽고 엉뚱하다.

[이럴 때] 친구가 슬라임 보고 마카롱이라고 말할 때

[비슷한 말] (우리말) **생뚱맞다**: 하는 말이나 행동이 상황에 맞지 않고 매우 엉뚱하다.

다		금	
	금		다
	뜬	다	
금			없

 켄은 요즘 왜 자꾸 수업 시간에 _____는 질문을 할까?

공부하기 싫어서 꾀를 부리는 거 아닐까?

힌트 오늘 배운 우리말과 연관된 어휘 1개를 찾아 ○ 하세요.

 아주 빠르고 힘차게 달릴 때

중요도

##

- **이런 뜻** 급히 뛰어 달려감
- **이럴 때** 갑자기 비가 내려서 집에 우산을 가지러 갈 때
- **비슷한말** (우리말) 뜀박질

달		박	
	박		달
박	달		질
		달	

🧙 왜 이렇게 숨을 헉헉대?

엄청 사납게 생긴 개가 쫓아와서 _____ 쳐서 그래.

힌트 내용을 읽고 암호가 무엇을 나타내는지 써 보세요.

꼭꼭 숨어라, 머리카락 보일라!

친구들과 놀이터에서 숨바꼭질을 했다. 술래가 정해지고 각자 잡히지 않기 위해 이곳저곳으로 날★●▲쳤다. 순식간에 몸을 숨기는 모습이 육상 선수 저리 가라였다.

★ _____   ● _____   ▲ _____

 **매우 친해서 뭐든 터놓고 지낼 때**

중요도 ★★

 너나들이

이런 뜻	서로 '너', '나' 하고 부르며 허물없이 말을 건네는 사이
이럴 때	서로 별명 부르며 장난치고 노는 사이일 때
비슷한 말	고사성어 수어지교(水魚之交): 물과 물고기처럼 아주 친해서 떨어질 수 없는 사이

 너 나 들 이

	너		
이	들		너
들			나
	나		들

 학원에서 다른 학교에 다니는 새로운 친구를 사귀었어.

심심하지 않게 그 친구랑 _____로 지내면 좋겠네.

힌트 오늘 배운 우리말과 연관된 어휘 1개를 찾아 ○ 하세요.

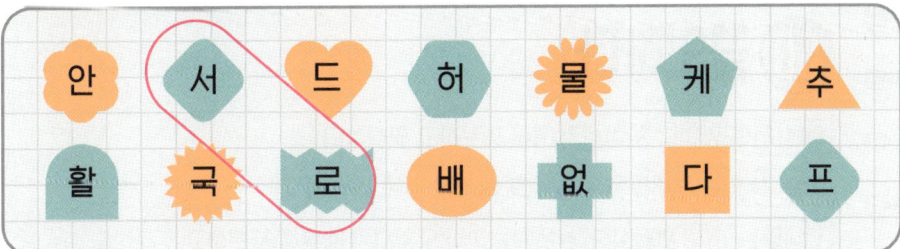

 **겉모습이 깔끔하고 단정할 때**

60 끌밋하다

이런 뜻 모양이나 차림새가 매우 깨끗하고 훤칠하다.

이럴 때 발표 준비물을 잘 정리해서 책상 위에 올려 둘 때

반대말 (우리말) **꾀죄죄하다**: 옷차림이나 모양새가 매우 지저분하고 초라하다.

			끌
		다	하
하	다		
밋		하	다

 이모 결혼식에서 내가 축가를 부르게 됐어. 그래서 옷을 샀지.

그렇게 차려입으니까 ＿＿＿＿＿＿고 보기 좋네.

힌트 오늘 배운 우리말과 연관된 어휘 1개를 찾아 ○ 하세요.

 **머릿속에 어떤 장면이 희미하게 보일 때**

61 어렴풋이

- **이런 뜻** 소리나 빛, 물체가 희미하거나 기억이 뚜렷하지 않고 흐릿하게
- **이럴 때** 예전에 배운 동요 멜로디가 살짝 떠오를 때
- **비슷한말** (우리말) 어슴푸레

 어 렴 풋 이

렴		이	어
	어		
	렴		
어		렴	풋

 호숫가에 안개가 자욱하게 피었네.

안개 너머로 갈대가 _____ 보이는 것 같아.

힌트 내용에 어울리는 어휘를 찾아 ○ 하세요.

다시 한번 더 도전!

오랜만에 아침 일찍 일어나 산에 올랐다. 3년 전에 힘들어서 중간에 포기했던 기억이 _____ 떠올랐지만, 이번에는 꼭 참고 정상까지 갔다. 내 자신이 자랑스러웠다.

| 어 | 재 | 흐 | 렴 | 미 | 풋 | 쿠 | 이 |

 무언가를 자세히 살펴볼 때

62 톺아보다

이런 뜻 빈틈없이 모조리 뒤지면서 찾아보다.

이럴 때 숨은그림찾기를 하면서 장면 하나하나 자세히 볼 때

비슷한말 (우리말) 훑어보다: 위아래 또는 처음부터 끝까지 빈틈없이 눈여겨보다.

톺	다		
		톺	
	아		톺
다	톺	아	

 도대체 어디로 사라진 거지? 리모컨이 안 보여.

소파 사이를 _____면 나올지도 몰라.

힌트) 내용을 읽고 암호가 무엇을 나타내는지 써 보세요.

제2회 어린이 독후감 대회

어린이의 건강한 독서 습관을 만들기 위해 독후감 대회를 개최합니다. 여러분이 정성껏 쓴 글은 전국의 사서 선생님들이 ★●▲고 우수작을 선정할 예정입니다.

★ _____   ● _____   ▲ _____

 마음이 급해서 어수선하게 행동할 때

중요도

허둥지둥

- **이런 뜻** 정신없이 갈팡질팡하며 다급하게 서두르는 모양
- **이럴 때** 체육 시간 운동장에 늦을까 봐 서둘러 달려갈 때
- **비슷한말** (우리말) 허겁지겁: 몹시 서두르고 어찌할 줄 모르는 모양

지	둥		둥
둥			지
둥	둥		
		둥	둥

 수학 경시 대회 문제 어려웠지?

마지막에 시간이 모자라서 _____ 풀다가 계산 실수도 했어.

힌트 오늘 배운 우리말과 연관된 어휘 1개를 찾아 ○ 하세요.

 **입을 크게 벌리고 활짝 웃을 때**

64 함박웃음

이런 뜻	통나무 속을 파서 만든 큰 바가지인 '함박'처럼 크고 환한 웃음
이럴 때	친구가 준비한 생일 선물을 받고 기뻐할 때
비슷한말	고사성어 **파안대소(破顔大笑)**: 얼굴이 엉망이 될 정도로 크게 웃다.

 함 박 웃 음

	함	박	
	박		함
박		함	
	웃	음	

 유치원 때 내 사진 볼래? 한번 보면 빠져들걸?

어머, _____을 짓고 있는 모습이 참 사랑스럽다.

힌트 내용에 어울리는 어휘를 찾아 ○ 하세요.

웃음이 불러오는 효과

웃음은 모두의 기분을 좋게 만든다. 친구가 나에게 _____을 지으면 나도 따라 웃게 되는 것처럼 웃기만 해도 행복이 저절로 늘어난다.

| 교 | 월 | 함 | 박 | 눈 | 웃 | 음 | 쇠 |

아직 상황을 판단하는 능력이 부족할 때

왜 그렇게 고개를 푹 숙이고 다녀?

펌킨이 어제 길에서 500원을 주웠대. 그래서 나도 떨어진 동전이 있나 보는 거야.

너도 참 미욱하다. 있을지 없을지 모르는 동전을 찾느니 집안일 도와서 용돈 버는 게 더 빠를걸?

에휴~

다음 날

유유, 안녕!

어제 온종일 고개 숙이고 다니더니 결국 깁스했네.

뭔가 반짝거려. 동전인가?

앗! 으윽!

하필 이럴 때 고개를 돌릴 수가 없다니….

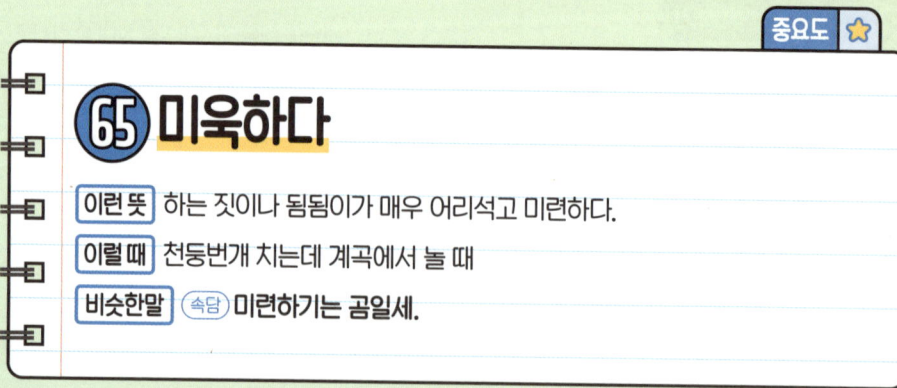

중요도 ⭐

65 미욱하다

이런 뜻 하는 짓이나 됨됨이가 매우 어리석고 미련하다.

이럴 때 천둥번개 치는데 계곡에서 놀 때

비슷한말 속담 미련하기는 곰일세.

하		다	
다	미		하
	하	미	
	다		

모자가 바다에 빠졌어! 얼른 헤엄쳐서 건져 올게.

너무 위험해. _____ 게 굴다가 파도에 휩쓸리면 어쩌려고!

힌트 내용에 어울리는 어휘를 찾아 ○ 하세요.

쥐구멍에라도 숨고 싶어!

학교 음악회에서 1학년 후배들과 합창 공연을 했다. 노래에 대한 자신감이 넘쳐서였을까? 혼자 화음을 넣다가 _____ 모습을 보이고 말았다.

| 셀 | 앞 | 저 | 미 | 국 | 욱 | 누 | 한 |

 **가루나 덩어리가 잘게 부서질 때**

"이럴 땐 뭐다?"
"눈싸움이 빠질 수 없지."

"자꾸만 부서지네?"
"눈이 포슬포슬해서 아무리 뭉쳐도 소용없어."

"어쩔 수 없군. 다른 눈싸움이나 하는 수밖에···."
"그거라면 자신 있지."

"넌 나를 절대 못 이길걸?"

푸하하
"벌써 졌다."

중요도 ⭐

66 포슬포슬

 덩이진 가루에 물기가 적어 엉기지 못하고 바스러지기 쉬운 모양

 고운 모래 위를 걷는데 발밑이 부드럽고 가벼운 느낌일 때

  퍼석퍼석하다: 부스러지기 쉬울 정도로 물기가 너무 없다.

	포	슬	
슬			포
슬	포		슬
		슬	

 역시 휴게소에서 먹는 알감자가 최고야!

_____ 해서 입에서 살살 녹아.

힌트 오늘 배운 우리말과 연관된 어휘 1개를 찾아 O 하세요.

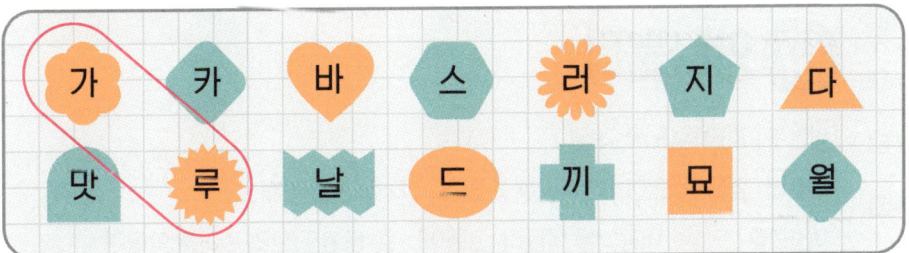

 무언가를 결심하거나 참고 견딜 때

끄응~
제발 살살 놔 주세요.
오늘은 주사 맞고 안 울었네?
이를 앙다물고 참았거든. 근데 너무 꽉 깨물었나 봐. 이가 아파.

이게 뭐야? 무서워서 다리를 꼬집었더니 피가 나잖아?
헉!
독감 주사 한번 요란하게 맞네. 이러다 이 동네 병원은 다 가겠어.

중요도 ★

 앙다물다

이런 뜻 힘을 주어 꽉 다물다.

이럴 때 엄마한테 혼나고 속상해서 입을 꼭 다물고 있을 때

비슷한말 (관용어) **어금니를 악물다**: 고통이나 화 등을 참으려고 이를 악물어 굳은 의지를 나타내다.

물			다
	앙	물	
앙			물
	물	다	

 방금 펌킨 표정 봤어?

어금니를 _____ 고 있는 모습이 금방이라도 폭발할 것 같아.

힌트 오늘 배운 우리말과 연관된 어휘 1개를 찾아 ○ 하세요.

 상대방의 말이나 행동이 눈에 거슬려 불쾌할 때

얼마 만에 먹는 치킨이냐!

나도 먹고 싶다.

같이 먹으면 되지.

배탈 나서 아무것도 먹으면 안 돼.

저런, 그럼 내가 대신 맛있게 먹어 줄게.

왜 아니꼽게 듣는 거야? 너 먹방 보는 거 좋아하잖아.

그게 아픈 친구한테 할 소리야?

바삭거리는 소리, 고소한 치킨 냄새를 어떻게 참으라고!

중요도

68 아니꼽다

이런 뜻 '안(창자)+곱다(굽다)'로 이루어진 말로, 창자가 뒤틀릴 정도로 말이나 행동이 거슬리다.

이럴 때 선생님께 칭찬 많이 받았다고 거들먹거리는 친구를 볼 때

비슷한 말  배알이 꼴리다: 비위에 거슬려 속이 상하다.

		꼽	
	아	다	니
	니		꼽
	꼽	니	

 피자를 시켰는데 유유가 햄만 쏙쏙 골라 먹었어.

제일 맛있는 것만 가져가다니 정말 _____군.

 내용을 읽고 암호가 무엇을 나타내는지 써 보세요.

유유 때문에 더 속상해!

국어, 수학, 과학 등 과목별 단원 평가에서 유유가 올백을 맞았다. 그런데 시험을 망친 내 앞에서 유유가 자꾸 자랑을 해서 ★●▲게 느껴졌다.

___ ___ ___

 **어떤 일을 잘하도록 자신감, 용기를 줄 때**

69 북돋우다

- **이런 뜻** 식물이 잘 자랄 수 있게 뿌리에 흙을 덮듯 기운을 높여 주다.
- **이럴 때** 노래를 잘 못 불러서 속상해하는 친구에게 연습하면 좋아질 거라고 말할 때
- **비슷한말** (우리말) **불어넣다**: 어떤 생각이나 느낌을 가지도록 영향, 자극을 주다.

중요도

북		돋	
	우	북	
다		우	돋
	돋		

 배구 경기 전반전이 끝나자, 감독이 선수들의 어깨를 두드려 줬어.

남은 경기도 잘 뛸 수 있도록 사기를 _____ 는 거야.

힌트) 내용에 어울리는 어휘를 찾아 ○ 하세요.

힘이 되는 말 한마디

수업 시간에 나만 수학 문제를 못 풀었다. 그런데 선생님이 다가와 다음번에는 잘할 수 있다며 용기를 _____ 주셨다.

| 북 | 키 | 찬 | 돋 | 방 | 워 | 장 | 는 |

대수롭지 않거나 쓸모가 없을 때

중요도 ★

70 부질없다

이런 뜻 '불질'을 제대로 하지 않아 금세 휘어지는 쇠처럼 쓸모없다.

이럴 때 이미 지난 일에 대해 자꾸 곱씹으며 후회할 때

비슷한 말  헛되다: 아무 보람이나 실속이 없다.

다		부	없
	없		질
없	부	질	
		없	

 펌킨이랑 가위바위보 해서 지면 벌칙 받기로 했는데 도망쳤어.

이제 와서 걱정해 봤자 _____는 일이야. 얼른 가서 사과해.

힌트 오늘 배운 우리말과 연관된 어휘 1개를 찾아 O 하세요.

 **어떤 일을 서둘러서 아주 급하게 할 때**

중요도 ⭐

71 부리나케

원래 뜻 나무와 부싯돌을 부딪쳐서 불꽃을 내는 것을 나타내는 '불이 나게'가 변함

이럴 때 학교 종이 울리기 직전에 교실로 달려갈 때

비슷한말 (우리말) **부랴부랴**: 매우 급하게 서두르는 모양으로, '불이야 불이야'가 변함

부		케	
나			리
리			케
	나	리	

켄은 화장실이 급하다고 먼저 산에서 내려갔어.

어쩐지 엉덩이를 틀어막고 _____ 가더라니….

힌트) 내용에 어울리는 어휘를 찾아 O 하세요.

지나친 욕심은 금물!

냉장고에 아이스크림이 딱 하나 남아 있었다. 너무 덥고, 누가 먹을까 봐 걱정되어 _____ 먹어 치웠더니 배가 아팠다. 괜히 욕심을 부려서 이게 뭐람!

| 반 | 상 | 부 | 리 | 식 | 나 | 케 | 하 |

 **겉모습이 변변치 않을 때**

"책상 위에 있던 내 필통 못 봤어?"

"그 새카맣고 낡은 거? 내가 쓰레기인 줄 알고 버렸는데?"

"뭐야? 너한텐 볼품없어 보일지 몰라도 나에겐 엄청 소중한 거라고!"

"진정해. 내가 다시 찾아올게."

"아무리 쓰레기통을 뒤져도 안 보이니 어쩔 수 없지. 비슷하게라도 만들어 주자."

부비 부비

"내가 아끼는 필통아, 드디어 돌아왔구나."

"살았다."

중요도 ★

72 볼품없다

[이런 뜻] 남의 눈에 비치는 모습이 초라하다.

[이럴 때] 체육 대회에서 친구들의 응원 도구는 화려한데 내 것만 평범할 때

[반대말] (우리말) **번듯하다**: 생김새가 훤하고 말끔하다.

다			없
	품	볼	
	다	없	
볼		다	

 이 청바지 어때? 요즘 한창 유행이래.

설마 돈 주고 산 건 아니지? 구멍도 송송 뚫리고 _____ 어.

힌트 내용을 읽고 암호가 무엇을 나타내는지 써 보세요.

겉모습보다 마음을 들여다보자!

옛말에 '까마귀가 검기로 마음도 검겠나'라는 속담이 있다. 이처럼 친구의 옷차림이 ★●▲어 보여도 겉모습으로 다른 사람을 판단해선 안 된다.

_____　　_____　　_____

 **서로 비슷해서 큰 차이가 없을 때**

(만화)
- 너도 늦잠 잤어?
- 응. 8시 10분에 일어나서 고양이 세수만 하고 나왔지.
- 너는 몇 시에 일어났는데?
- 내가 더 빨리 일어났지롱. 나는 8시 5분이야.
- 도긴개긴이네. 어차피 우리 둘 다 지각이라고.
- 그래도 큐라보다는 나을걸?
- 얘들아, 같이 가!

중요도 ⭐

73 도긴개긴

원래 뜻 윷놀이에서 남의 말을 '도'로 잡을 수 있는 거리나 '개'로 잡을 수 있는 거리는 별반 차이가 없다.

이럴 때 친구와 종이 접기를 했는데 둘 다 모양이 이상할 때

비슷한말 도토리 키 재기: 비슷해서 견주어 볼 필요가 없다.

도		개	
	긴		긴
			개
	개	긴	도

 유유랑 큐라가 술래잡기하다가 싸웠다며? 누가 잘못한 거야?

일일이 잘잘못을 따지기도 어려워. _____ 이거든.

힌트 오늘 배운 우리말과 연관된 어휘 1개를 찾아 ○ 하세요.

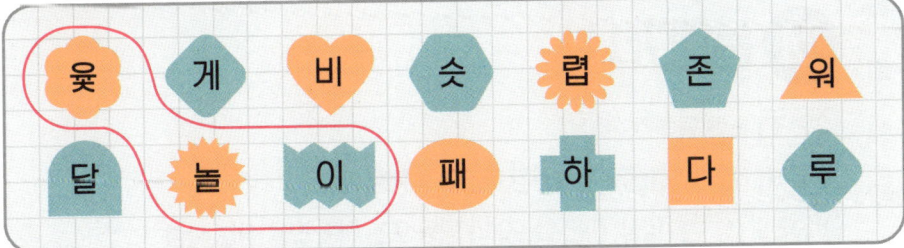

몹시 밉거나 싫어서 눈에 거슬리는 사람을 가리킬 때

그 소식 들었어? 큐라가 여름 캠프를 떠났대.

안 그래도 요새 눈엣가시였는데 잘됐다.

큐라가 뭐 잘못했어?

말도 마. 자꾸 내 얼굴에 방귀를 뀌고 도망가잖아. 냄새는 또 얼마나 지독하던지….

근데 내일이면 돌아온대.

1박 2일이래. 너한테 줄 깜짝 선물도 있다고 기다리라던데?

왜 이렇게 빨리 와?

무슨 꿍꿍이인 거야? 시간아, 멈춰!

중요도 ⭐

74 눈엣가시

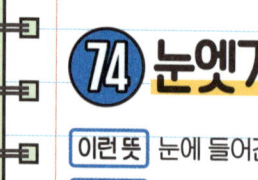

이런 뜻 눈에 들어간 가시

이럴 때 내가 뭘 하든지 사사건건 친구가 방해할 때

비슷한 말 (우리말) **밉상**: 미운 얼굴이나 행동 또는 미운 짓을 하는 사람

눈	엣		가
		엣	
	가		
엣		가	시

 저길 봐! 펌킨이 또 새치기했어!

급식실에서 줄을 설 때마다 _____ 같아. 가만 안 둬!

(힌트) 내용에 어울리는 어휘를 찾아 ○ 하세요.

〈알리바바와 40인의 도둑〉을 읽고 나서

알리바바는 우연히 도둑들이 보물을 감춘 동굴을 발견했다. 이 사실을 알게 된 도둑들은 알리바바를 _____ 처럼 여기고 없애려 했지만 결국 실패하고 말았다.

| 참 | 눈 | 깨 | 엣 | 군 | 잡 | 가 | 시 |

 물기가 적어 촉촉하지 않고 굳어 있을 때

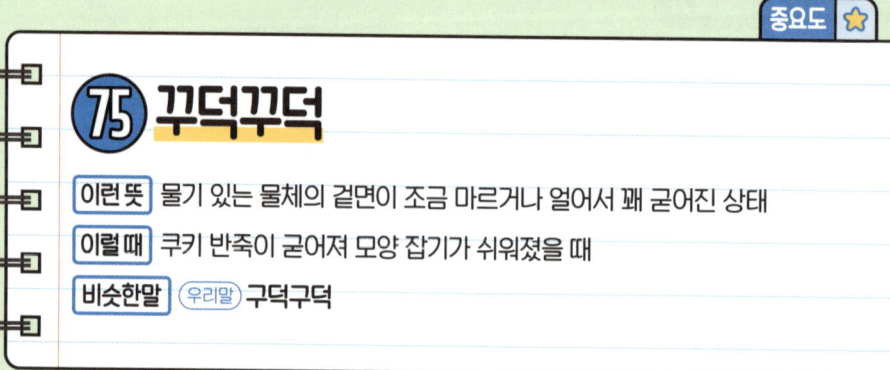

75 꾸덕꾸덕

이런 뜻 물기 있는 물체의 겉면이 조금 마르거나 얼어서 꽤 굳어진 상태

이럴 때 쿠키 반죽이 굳어져 모양 잡기가 쉬워졌을 때

비슷한말 (우리말) 구덕구덕

 여기 배경색이 너무 연한 것 같아.

물감이 _____ 하게 굳어서 잘 안 발려. 아무래도 새로 사야겠어.

힌트 오늘 배운 우리말과 연관된 어휘 1개를 찾아 O 하세요.

 **상대방이 염치없게 행동해서 미울 때**

---

76 괘씸하다

이런 뜻 남에게 예의나 믿음에 어긋난 짓을 당하여 불쾌하고 화나다.

이럴 때 친구가 힘들어 보여서 도와줬는데 나만 두고 먼저 가 버릴 때

비슷한말 (우리말) **못마땅하다**: 마음에 들지 않아 좋지 않다.

	괘	다	씸
씸	다		
다		괘	하

 도미노를 완성했는데 펌킨이 발로 툭 쳐서 무너졌어!

설마 일부러 건드린 건 아니겠지? 만약 그렇다면 _____ 한데….

힌트 내용을 읽고 암호가 무엇을 나타내는지 써 보세요.

<해와 달이 된 오누이>를 읽고 나서

호랑이는 오누이를 잡아먹으려고 아이들만 혼자 있는 집에 갔다. 그리고 오누이의 엄마인 척 목소리와 생김새를 변장하고 흉내 냈는데 그 모습이 ★●했▲.

★ _____ ● _____ ▲ _____

 **가을철 비가 잦다가 금세 개고 다시 내릴 때**

77 건들장마

- **이런 뜻**: 초가을에 비가 내렸다 그쳤다를 반복하는 장마
- **이럴 때**: 비가 오락가락해서 운동장을 나갔다 들어왔다 할 때
- **비슷한말** (우리말) **마른장마**: 장마철에 비가 아주 적게 오거나 갠 날이 계속되는 기상 현상

	들		장
장		들	건
	장	건	
들			

 강아지랑 산책 나갔는데 갑자기 비가 쏟아졌어!

요즘 _____ 라서 외출할 때 우산은 필수야.

힌트) 내용에 어울리는 어휘를 찾아 ○ 하세요.

점점 예측할 수 없는 기후 변화

전국적으로 장마철에 접어들면서 불안정한 날씨가 계속되고 있다. 올해는 예년보다 _____ 가 길어질 것으로 보여 산사태, 정전 등에 대한 주의가 필요하다.

| 건 | 미 | 토 | 러 | 들 | 장 | 푹 | 마 |

같은 일이나 행동을 여러 번 반복할 때

"또 놓쳤네."

"내가 하는 거 잘 봐. 이름하여 공기의 신 특별 과외야!"

"어떻게 하면 너처럼 잘할 수 있어?"

"이런 건 하루아침에 짠 하고 되는 게 아니야. 너도 노력을 거듭하다 보면 언젠가 잘하게 될 거야."

(공기놀이 5년 돌파!)

"그냥 공부하기 싫은 건 아니고?"

"좋아. 오늘부터 공부보다 공기에 더 집중하겠어!"

"눈치가 100단이네."

중요도

 **거듭하다**

| 이런 뜻 | 어떤 일을 자꾸 되풀이하다.

| 이럴 때 | 공기를 잘하고 싶어서 계속 연습할 때

| 비슷한 말 | (속담) 열 번 찍어 아니 넘어가는 나무 없다: 불가능해 보이는 일도 끈질기게 시도하면 이루어진다.

 아까 펌킨 옷에 물 쏟은 거 사과했어?

내가 _____ 해서 미안하다고 했는데도 계속 화만 내던데?

힌트 오늘 배운 우리말과 연관된 어휘 1개를 찾아 ○ 하세요.

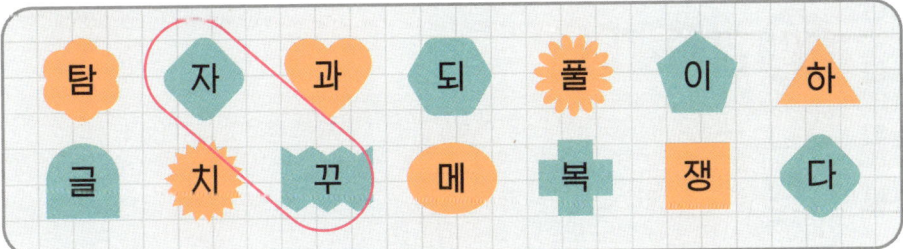

 **꾸미거나 고친 것을 알아챌 수 없을 정도로 티가 나지 않을 때**

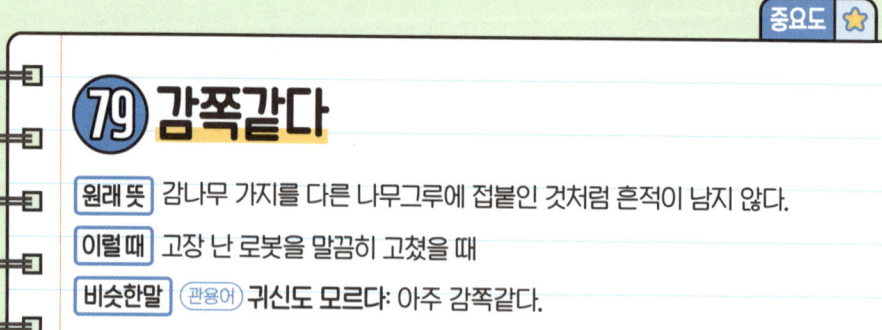

중요도 ⭐

79 감쪽같다

원래 뜻 감나무 가지를 다른 나무그루에 접붙인 것처럼 흔적이 남지 않다.

이럴 때 고장 난 로봇을 말끔히 고쳤을 때

비슷한말 (관용어) 귀신도 모르다: 아주 감쪽같다.

			같
같		감	다
쪽	같		감
감			

 양말에 구멍이 났는데 엄마가 꿰매 주셨어.

완전 _____ 은데? 새 양말인 줄 알았어.

힌트 내용을 읽고 암호가 무엇을 나타내는지 써 보세요.

음악 산업까지 점령한 인공 지능

유명 가수의 목소리를 인공 지능 기술로 복제한 영상이 인기를 끌고 있다. 눈을 감고 들으면 ★●▲아서 실제 가수가 부른 듯한 착각마저 일으킨다.

★ ___ ● ___ ▲ ___

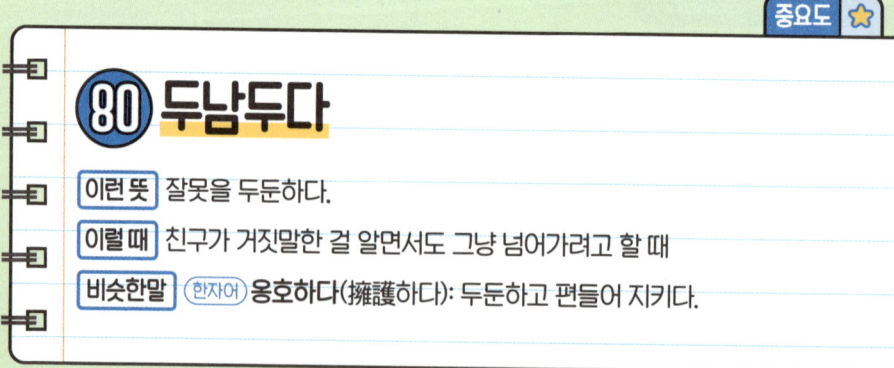

80 두남두다

- **이런 뜻** 잘못을 두둔하다.
- **이럴 때** 친구가 거짓말한 걸 알면서도 그냥 넘어가려고 할 때
- **비슷한 말** (한자어) 옹호하다(擁護하다): 두둔하고 편들어 지키다.

 두 남 두 다

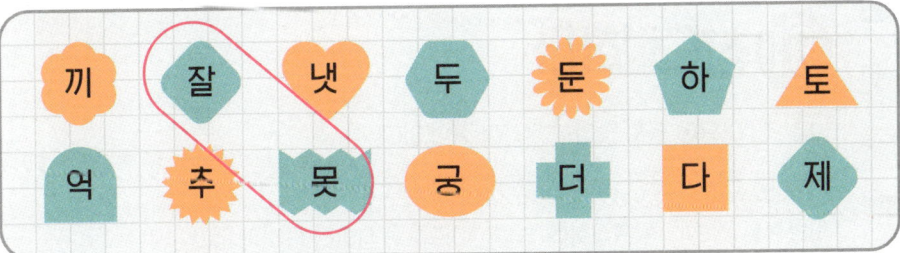

유유가 보드게임 규칙을 잘 모르는 것 같아. 이번만 봐주자.

같은 편이라고 _____ 니 불공평해.

힌트 오늘 배운 우리말과 연관된 어휘 1개를 찾아 ○ 하세요.

| 끼 | 잘 | 냇 | 두 | 둔 | 하 | 토 |
| 억 | 추 | 못 | 궁 | 더 | 다 | 제 |

 **무언가에 흥미가 없어서 시큰둥할 때**

 중요도 ★★★

81 심드렁하다

이런 뜻 마음에 들지 않아서 관심이 거의 없다.

이럴 때 친구가 웃긴 장난을 해도 즐겁지 않을 때

비슷한말 한자어 무관심하다(無關心하다): 관심이나 흥미가 없다.

	드		렁	
하		드		
다		렁		심
	다		하	
드	심		다	렁

 내가 제일 좋아하는 간식을 켄한테 나눠 줬는데 _____게 받더라.

켄이 싫어하는 지렁이 젤리를 주니까 그렇지.

힌트 내용에 어울리는 어휘를 찾아 ○ 하세요.

여행은 언제나 즐거워!

펌킨이 레일 바이크를 타러 가자고 했다. 처음엔 힘들 것 같아서 _____, 솔솔 불어오는 바람을 맞으며 함께 페달을 밟다 보니 신났다.

| 탁 | 심 | 드 | 경 | 렁 | 했 | 는 | 데 |

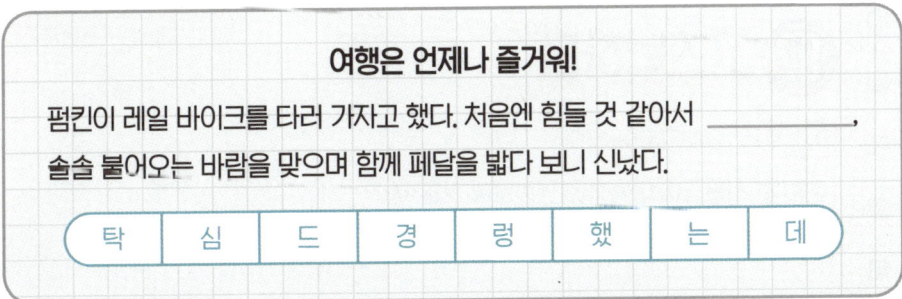

조용하고 평화로운 느낌이 들 때

정말 가을인가 봐. 풀 위에 고추잠자리가 앉아 있어. 살금살금 다가가 볼까?

쉿!

=스-윽

에잇!

날아가 버렸잖아.

고즈넉한 시골 풍경을 보니 마음이 평화로워.

와!

저기 연꽃 좀 봐.

고추잠자리가 여기에도 있네.

설마 또 나보고 잡으라는 건 아니지?

덜덜

그럴 줄 알고 준비했어. 이번에는 훨씬 쉬울 거야.

왜 자꾸 나한테 시킨담?

중요도 ★★★

82 고즈넉하다

이런 뜻 고요하고 아늑하다.

이럴 때 시골길이 아늑하고 평화로워 보일 때

비슷한말 (우리말) **한적하다**: 한가하고 고요하다.

고	하		다	넉
		고		
넉	고	하		다
		넉		
즈			하	고

우리 호숫가로 산책하러 가자.

그럴까? 해 질 무렵 호숫가는 _____ 해서 걷기 딱 좋지.

힌트: 내용에 어울리는 어휘를 찾아 ○ 하세요.

천년의 숨결이 깃든 부석사를 다녀와서

부석사는 신라 문무왕 때 의상대사가 세운 절이다. 우리나라에서 가장 오래된 목조 건축인 무량수전 앞에 서면 주위의 _____ 경치를 한눈에 담을 수 있다.

| 고 | 즈 | 쉬 | 찰 | 넉 | 례 | 한 | 와 |

 **음식의 맛이나 모양새가 먹음직스러울 때**

먼저 당근, 양파부터 채 썰고, 버섯이랑 고기를 볶아야지.

참, 당면도 불려야 해.

이제 만들어 놓은 양념이랑 다 같이 버무리면 완성이지.

펌킨, 이것 좀 먹어 봐.

휘둥그레

완전 **맛깔스럽게** 생겼다.

헉!

내가 한 시간 동안 만든 걸 겨우 일 분 만에 다 먹어 치우다니!

후루룩~ 냠냠!

맛있어서 술술 넘어가던걸? 오늘 저녁은 안 먹어도 되겠다.

꺼억~

 중요도 ★★

83 맛깔스럽다

이런 뜻 입에 당길 만큼 음식이 맛있다.

이럴 때 아빠가 구운 달콤한 핫케이크를 먹을 때

비슷한 말 (관용어) 군침이 돌다: 맛있는 음식을 보고 먹고 싶다는 욕심이 생긴다.

 맛 깔 스 럽 다

다			스	럽
	럽	다	깔	
깔	스			다
	깔	스	다	
스			맛	

 내가 클레이로 뭘 만들었게? 알아맞혀 봐.

 진짜 단팥빵처럼 _____ 게 보여. 먹고 싶어!

힌트 내용을 읽고 암호가 무엇을 나타내는지 써 보세요.

제50회 세계 음식 박람회

보기만 해도 군침이 도는 다양한 음식을 한자리에서 만나 보세요. 세계 각국의 ★깔●▲운 음식 체험으로 여러분의 눈과 입을 책임지겠습니다.

★ _____ ● _____ ▲ _____

 **무언가를 확인하기 위해 주변을 이리저리 살필 때**

중요도

84 휘둘러보다

- **이런 뜻** 자꾸 이리저리 둘러보다.
- **이럴 때** 새로 산 게임기를 요모조모 살펴보며 기능을 확인할 때
- **비슷한말** (우리말) **두리번거리다**: 눈을 크게 뜨고 여기저기를 자꾸 살펴보다.

 휘 둘 러 보 다

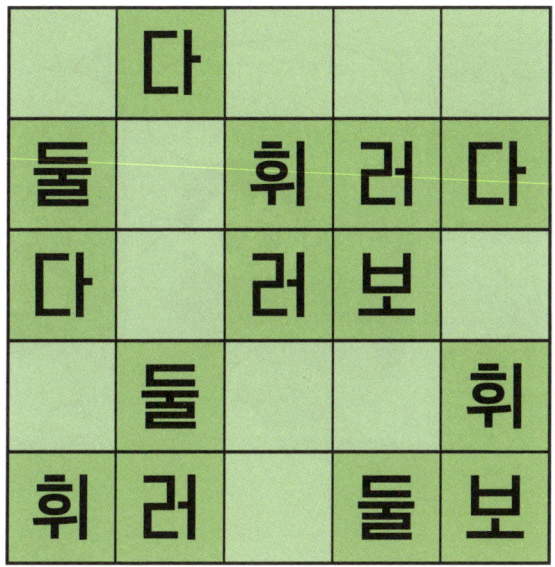

 방금 누가 네 이름 부르지 않았어?

주위를 _____ 아도 아무도 없어. 잘못 들었나 봐.

힌트 오늘 배운 우리말과 연관된 어휘 1개를 찾아 ○ 하세요.

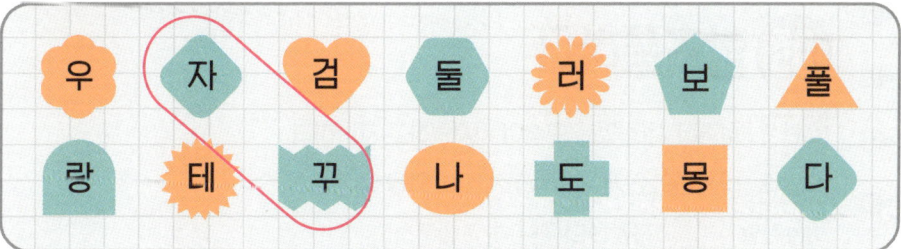

물기를 머금고 촉촉하면서도 정돈된 모습을 표현할 때

85 함초롬하다

- **이런 뜻** 젖거나 서려 있는 모습이 가지런하고 차분하다.
- **이럴 때** 나뭇잎이 안개에 촉촉하게 젖어 있을 때
- **비슷한 말** (우리말) **정갈하다**: 깨끗하고 깔끔하다.

중요도 ★★

 함 초 롬 하 다

	롬	다		
다		함		
초		하	함	롬
	함		다	
	초	롬	하	다

 간밤에 내린 비로 방울토마토가 _____ 해.

 그래서 더 싱싱해 보이는걸.

힌트 내용을 읽고 암호가 무엇을 나타내는지 써 보세요.

펌킨에게

작년에 네가 우리 집 마당에 심은 장미꽃이 활짝 피었어. 아침 이슬에 젖어서 ★초●▲니 예쁘더라. 시간 날 때 꼭 보러 와.

★ ___   ● ___   ▲ ___

 높이가 낮거나 소리가 잔잔할 때

잠깐! 누군가 나지막하게 콧노래를 부르는 소리가 들려.

여긴 우리 둘밖에 없잖아.

휘이잉

그럼 혹… 시 귀신?

으아악!

유령이랑 드라큘라가 귀신을 무서워하다니, 체면이 말이 아니군.

라라라~

말도 안 돼! 진짜 귀신인가 봐!

으악!

중요도 ★★

86 나지막하다

이런 뜻 위치나 소리가 꽤 낮다.

이럴 때 누가 조용한 목소리로 콧노래를 부를 때

반대말 (우리말) **높지막하다**: 위치가 꽤 높다.

나		지		하
다	지			막
		다		나
하		나		
	나	막		다

 저 돌담은 되게 _____ 한데 꽤 튼튼해 보여.

거센 바람으로부터 집과 농작물을 보호하기 위해 만든 거래.

힌트 내용에 어울리는 어휘를 찾아 O 하세요.

큐라에게

미술 시간에 나 혼자 작품을 완성하지 못해서 속상했어. 그때 네가 _____ 목소리로 "걱정히지 마. 내가 도와줄게."라고 말했잖아. 그 말이 정말 큰 힘이 됐어.

| 듬 | 저 | 나 | 것 | 지 | 토 | 막 | 한 |

 **제대로 하지 않고 흐리멍덩하게 넘어가려 할 때**

중요도 ★★

얼버무리다

- **이런 뜻** 말이나 행동을 불분명하게 대충 하다.
- **이럴 때** 잘못한 일을 들켜서 변명하다가 말끝을 흐릴 때
- **비슷한말** (우리말) **어물쩍하다**: 말이나 행동을 일부러 분명하게 하지 않고 적당히 살짝 넘기다.

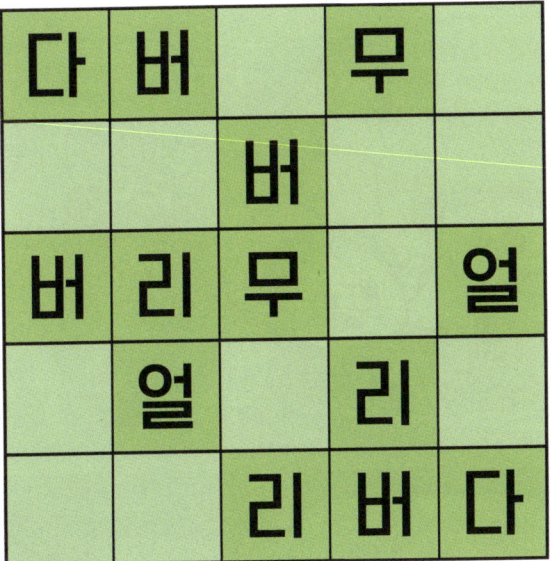

 켄한테 인라인스케이트 타러 갈 건지 물어봤어?

응. 그런데 다른 약속이 있는지 대답을 _____ 더라고.

힌트 오늘 배운 우리말과 연관된 어휘 1개를 찾아 ○ 하세요.

 **어떤 생각이나 걱정 때문에 잠을 이루지 못할 때**

"한 폐가에서 밤만 되면 아기 우는 소리가 들렸어. 그리고 바람이 휙 불더니 정체 모를 그림자가 나타났지."

"듣기만 해도 무서워!"

덜덜

"너무 오싹하다."

그날 밤

"큐라야, 너도 궁싯거리고 있어?"

"무서운 이야기가 자꾸 생각나서 잠이 안 와. 켄, 이쪽으로 돌아봐."

"내가 켄으로 보이니?"

악!

중요도

88 궁싯거리다

이런 뜻 잠이 오지 않아 누워서 몸을 이리저리 뒤척거리다.

이럴 때 무서운 이야기를 듣고 잠이 안 올 때

반대말 (우리말) 곯아떨어지다: 몹시 피곤하거나 술에 취하여 정신을 잃고 자다.

	다		궁	거
	리		다	
다		궁		리
싯			거	다
거	싯		리	

 눈 밑이 퀭해. 그러다 다크서클이 무릎까지 내려오겠어!

오늘 몬스터 보이즈를 만날 생각에 _____ 며 밤을 새웠거든.

힌트 내용을 읽고 암호가 무엇을 나타내는지 써 보세요.

<피터 팬>을 읽고 나서

피터 팬은 하늘을 날아 웬디와 동생들을 네버랜드로 데려갔다. '나에게도 피터 팬이 찾아오면 어떨까?' 하고 상상하니 실레서 한참 동안 ★싯●렸▲.

★ ___ ● ___ ▲ ___

 **세상 물정 모르는 사람을 가리킬 때**

중요도 ⭐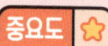

89 하룻강아지

- **원래 뜻**: '하릅+강아지'로 이루어진 말로, 태어난 지 한 살 된 강아지
- **이럴 때**: 마술을 한 지 얼마 안 돼서 잘 못할 때
- **적용한 말**: **속담** 하룻강아지 범 무서운 줄 모른다: 아무것도 모르고 철없이 함부로 덤비다.

 하 룻 강 아 지

룻	강	하		지
하	지		강	
강		지		룻
	룻		지	하
지	하			강

 펌킨이랑 큐브 대결하기로 했다면서?

너튜브로 고작 하루 배운 _____ 가 도전장을 내밀더라.

 힌트 내용에 어울리는 어휘를 찾아 ○ 하세요.

과연 승자는 누가 될 것인가?

이번 대회에는 숨은 고수들은 물론, _____ 범 무서운 줄 모르고 도전한 초보 참가자들도 함께합니다. 어떤 참가자가 우승을 차지할까요?

| 하 | 흐 | 룻 | 강 | 갱 | 아 | 안 | 지 |

 무뚝뚝하고 시큰둥하게 반응할 때

---

90 새치름하다

이런 뜻 쌀쌀맞게 시치미를 떼는 태도가 있다.

이럴 때 친구가 엄청 대단하다고 칭찬해 주는데 괜히 아무렇지 않은 척할 때

비슷한 말 새침하다.

	름			하
하		치	름	새
름				치
치	새			다
		치	하	새

 연주회가 끝나고 켄에게 꽃다발을 줬는데 _____ 한 표정을 짓더라.

그렇게 보여도 속으론 엄청 좋아했을걸?

힌트 내용을 읽고 암호가 무엇을 나타내는지 써 보세요.

집에 가고 싶어!

과학 캠프 첫날, 벌써 몇몇은 친해져서 자기네끼리 조를 이루었다. 나만 아는 사람이 없는 것 같아 옆자리에 앉은 신구와 친해지고 싶었는데 ★●▲해서 말도 못 걸었다.

★ ● ▲
___ ___ ___

 **다른 사람의 말에 호응할 때**

중요도 ⭐

91 맞장구치다

원래 뜻 둘이 마주 서서 주거니 받거니 하며 장구를 치다.

이럴 때 친구가 하고 싶어 하는 놀이에 기꺼이 동의하며 함께할 때

비슷한말 (한자어) 동조하다(同調하다): 남의 주장에 자기 의견을 일치시키거나 따르다.

 맞 장 구 치 다

			맞	장
치			맞	장
	구	장		다
장	맞	다		치
구			다	
	치			구

넌 펌킨의 어떤 점이 좋아?

내가 뭘 하든 _____ 쳐 줘서 심심할 틈이 없어.

 내용에 어울리는 어휘를 찾아 O 하세요.

더위야, 물러가라!

날씨가 더워서 얼음 동동 띄운 수박화채를 만들었다. 내가 환호성을 내지르자, 켄도 _____ 눈을 반짝였다. 수박화채는 순식간에 사라졌다.

| 군 | 맞 | 된 | 장 | 백 | 구 | 치 | 며 |

 **마음에 들지 않아서 계속 불평할 때**

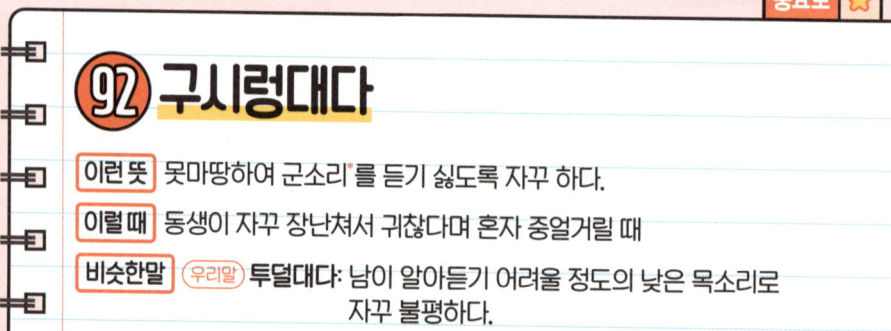

92 구시렁대다

- **이런 뜻** 못마땅하여 군소리*를 듣기 싫도록 자꾸 하다.
- **이럴 때** 동생이 자꾸 장난쳐서 귀찮다며 혼자 중얼거릴 때
- **비슷한 말** (우리말) 투덜대다: 남이 알아듣기 어려울 정도의 낮은 목소리로 자꾸 불평하다.

*군소리: 마음에 들지 않거나 불만스러워서 내뱉는 쓸데없는 말

	구	시		렁
구			대	
	다			대
	렁			시
렁	대		시	구

 오늘 반찬 또 시금치야. 물컹물컹하고 써서 싫다고!

_____ 지 말고 먹어. 이게 몸에 얼마나 좋은데….

힌트 오늘 배운 우리말과 연관된 어휘 1개를 찾아 ○ 하세요.

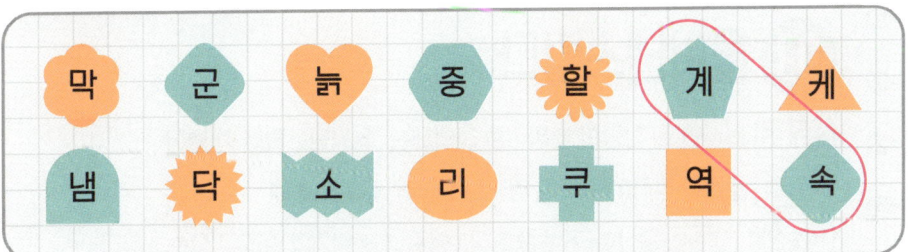

 날씨나 분위기가 쓸쓸하고 어수선할 때

여기 너무 을씨년스럽다.

그래? 난 시원해서 좋은데.

빨리 다른 곳으로 가자. 금방이라도 뭔가 튀어 나올 것 같아.

이런 곳에 판다가 있었네?

엇!

대나무를 맛있게 먹고 있어.

넌 어쩜 그리 귀엽게 생겼니?

빨리 가자고 할 땐 언제고 한 시간째 꼼짝도 안 하네.

중요도

93 을씨년스럽다

원래 뜻 을사년*의 참담한 분위기를 나타내는 '을씨년스럽다'가 변함

이럴 때 핼러윈 장식이 가득한 어두운 교실에 들어갔을 때

비슷한 말 (한자어) 음산하다(陰散하다): 날씨나 분위기가 흐리고 으스스하다.

*을사년: 1905년 일본이 조선의 외교권을 강제로 빼앗아 식민지로 만듦

	씨	을			스
럽			을	년	
스	럽		씨		년
			스		럽
을				씨	다
다	년		럽		을

 저기 봐. 시커먼 구름이 몰려오고 있어.

곧 비가 올 것처럼 날씨가 _____ 네.

 내용을 읽고 암호가 무엇을 나타내는지 써 보세요.

유령 마을을 다녀와서

우리가 방문한 마을은 오래전부터 아무도 살지 않는다고 했다. 인기척 하나 없는 골목과 깨진 창문, 마당에 쌓인 수북한 낙엽은 주변을 ★씨●스▲게 만들었다.

★ _____ ● _____ ▲ _____

 어떤 일을 이루기 위해 안간힘을 다할 때

94 애면글면하다

- **이런 뜻**: 힘에 겨운 일을 이루려고 갖은 애를 쓰다.
- **이럴 때**: 어려운 수학 문제를 풀기 위해 여러 번 썼다 지웠다 할 때
- **비슷한 말** (고사성어) 고군분투(孤軍奮鬪): 아무런 도움도 받지 않고 힘에 벅찬 일을 끈질기게 해내다.

중요도 ★★★

		면			글
다	면	글	애		하
	면			하	
	다			면	애
면		다		애	면
		하	애	다	

 이제 그만 철봉에서 내려와. 팔 아프잖아.

조금만 더 버텨서 1분 채우려고 _____ 는 중이야.

힌트 오늘 배운 우리말과 연관된 어휘 1개를 찾아 ○ 하세요.

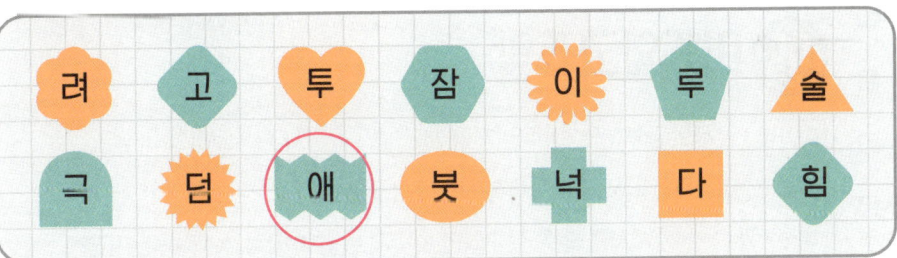

 아주 사소한 것까지 샅샅이 묻거나 말할 때

95 미주알고주알

- **이런 뜻** 창자의 끝부분인 '미주알'처럼 처음부터 끝까지 속속들이 훑어보다.
- **이럴 때** 이것저것 따지거나 자세히 파고들어 물을 때
- **비슷한말** (우리말) 시시콜콜: 자질구레한 것까지 낱낱이 따지거나 다루는 모양

중요도

 미 주 알 고 주 알

주	알	알		주	고
			알		알
알		주			
고	주		주	알	알
알	주	알		고	미
		고		알	

 게임 캐릭터 무기까지 _____ 다 알려 달라고?

페어플레이 몰라? 정정당당하게 승부하자고!

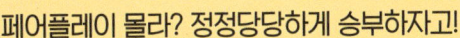 오늘 배운 우리말과 연관된 어휘 1개를 찾아 ○ 하세요.

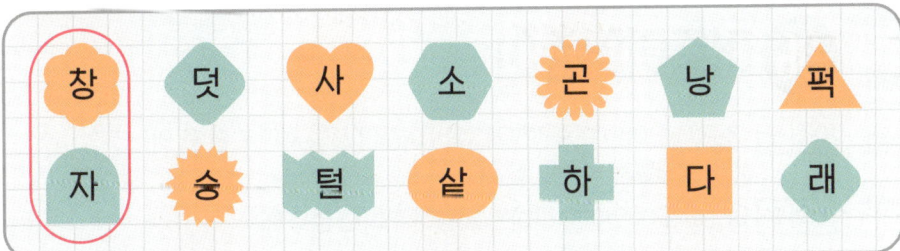

 **실력이 변변치 못한 사람들을 가리킬 때**

중요도 ★★

96 어중이떠중이

이런 뜻 이도 저도 아닌 어중간하게 끼인 '어중이'처럼 제대로 할 줄 아는 게 없어 쓸모없는 사람들

이럴 때 여럿이 모여 있어도 잘하는 사람이 하나도 없을 때

	떠			이	중
어	이	중		이	떠
	이			떠	
떠	중	이			어
중		이		어	이
		어		중	

 딱지치기 대회는 어땠어?

실력자는 안 보이고 _____만 바글바글했어.

힌트 오늘 배운 우리말과 연관된 어휘 1개를 찾아 ○ 하세요.

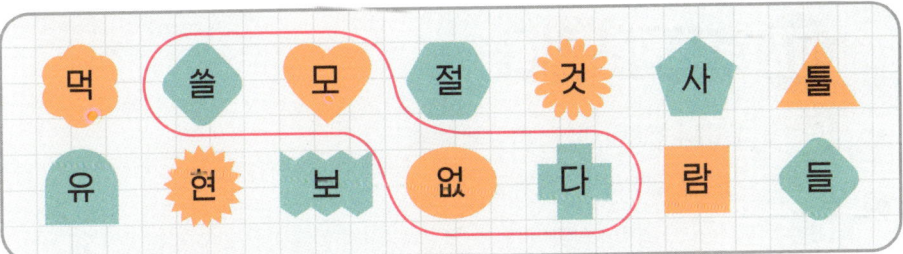

 **별것 아닌 일에 과장되게 반응할 때**

중요도 ★★

97 호들갑스럽다

이런 뜻 말이나 행동이 야단스럽고 방정맞다.

이럴 때 사소한 일에 유난스럽게 굴 때

비슷한말 한자어 경망스럽다(輕妄스럽다): 말이나 행동이 가볍고 조심성이 없다.

갑		들	럽		스
	럽	스	갑	다	
	갑			스	
	스			럽	
	호	갑	스	들	
스		럽	호		다

 새로 전학 온 친구랑 벌써 친해졌어? 단짝인 줄 알았잖아.

걔가 _____ 게 굴어서 그렇게 보인 거야.

힌트) 내용에 어울리는 어휘를 찾아 ○ 하세요.

친구를 돕는 올바른 태도

우리는 힘들어하는 친구를 보면 그냥 지나치기 어렵다. 하지만 도와주려는 마음이 지나쳐 ___ ____ 행동하면 오히려 불편을 끼칠 수 있다.

| 큰 | 호 | 들 | 수 | 갑 | 스 | 럽 | 게 |

예상치 못한 뜻밖의 상황에 황당할 때

> 다 모였지?
> 어서 출발하자!
> 꺄~
> 너무 신나!
> 오늘 밤새도록 놀아 보자고!

> 넌 뭐부터 탈 거야?
> 뭐니 뭐니 해도 놀이공원의 꽃은 롤러코스터지.
> 난 귀신의 집에 갈래.
> 배고프니까 츄러스랑 슬러시 먼저 먹자.

> 이게 꿈은 아니겠지?
> 정말 어처구니없다.
> CLOSED
> 으앙!
> 왜 하필 오늘 문 닫은 거야!
> 제발 들어가게 해 주세요.

중요도 ★★

98 어처구니없다

- **이런 뜻** 궁궐 처마 위에 당연하게 올려놓던 '어처구니'를 깜빡해서 기가 막히다.
- **이럴 때** 잔뜩 들떠서 놀이공원에 갔는데 문이 닫혀 있을 때
- **비슷한 말** (우리말) 어이없다.

*어처구니: 기와가 흘러내리지 않고, 궁궐을 수호하는 동물 모양의 흙 인형

큐라 생일인데 펌킨이 먼저 촛불을 껐어.

너무 _____ 어서 모두 웃고 말았지.

힌트 내용을 읽고 암호가 무엇을 나타내는지 써 보세요.

쓰레기와 함께 버린 양심

축구 경기가 끝나고 난 뒤 경기장 곳곳에는 빈 병과 박스들이 나뒹굴었다. 쓰레기를 버리는 사람, 치우는 사람 따로 있다는 게 ★처●니▲었다.

★ _____   ● _____   ▲ _____

 아이들이 짓궂게 남을 놀릴 때

중요도 ★★

99 알나리깔나리

원래 뜻 '알(아이)+나리'로 이루어진 말로, 나이가 어리고 키가 작은 사람이 벼슬에 올랐을 때 하던 소리

이럴 때 매운 음식을 못 먹는 친구를 보고 놀릴 때

_____, 큐라 머리에 껌 붙었대요!

놀리지 마! 풍선 불기 연습하다가 자서 그래.

힌트 오늘 배운 우리말과 연관된 어휘 1개를 찾아 ○ 하세요.

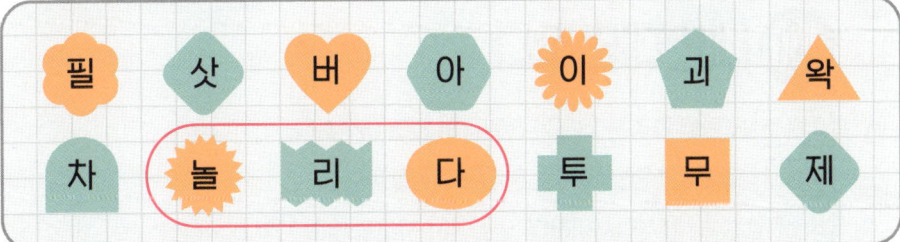

낯설거나 친하지 않아서 어색하게 행동할 때

"요즘 이상해. 서로 모르는 사이처럼 왜 이렇게 데면데면해?"

"펌킨한테 물어봐."
"큐라에게 물어봐."
티격 태격

"너 몰랐어? 큐라랑 펌킨이 좋아하는 친구가 똑같아."
"그게 누군데?"

"바로 옆집에 사는 해골 마녀야."

"둘 다 취향 한번 독특하네."
헐~

중요도 ★★

100 <u>데면데면</u>하다

이런 뜻 사람을 대하는 태도가 친밀감이 없이 어색하다.

이럴 때 오랜만에 만난 유치원 친구와 얘기할 때

비슷한말 (우리말) 서먹서먹하다: 낯설거나 친하지 않아 자꾸 어색하다.

하		다	면		데
	면			하	
데		면	다		
	데	하		데	면
데		데	하	면	
		면		다	

 너 작년에 같은 반이었던 또리랑 연락해?

_____ 한 사이여서 서로 연락처도 모르는걸.

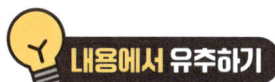

힌트 오늘 배운 우리말과 연관된 어휘 1개를 찾아 ○ 하세요.

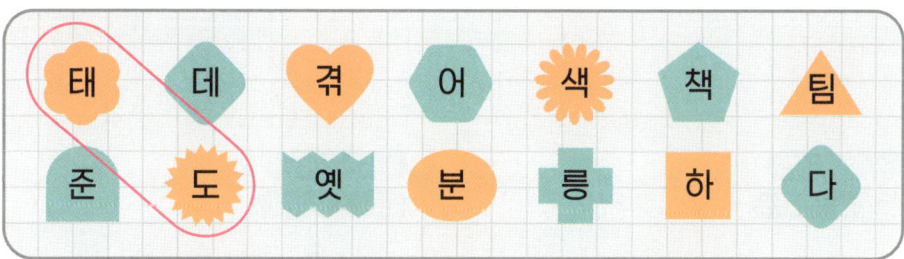

정답

11쪽

타	애	다
다	타	애
애	다	타

말 속에서 써 보기 애타

글 속에서 써먹기
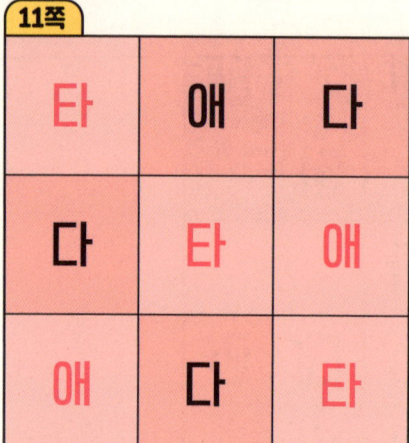

13쪽

발	레	설
설	발	레
레	설	발

말 속에서 써 보기 설레발

내용에서 유추하기

15쪽

바	루	다
루	다	바
다	바	루

말 속에서 써 보기 바루

글 속에서 유추하기 ★ : 바 ● : 루 ▲ : 고

17쪽

니	나	망
망	니	나
나	망	니

말 속에서 써 보기 망나니

내용에서 유추하기

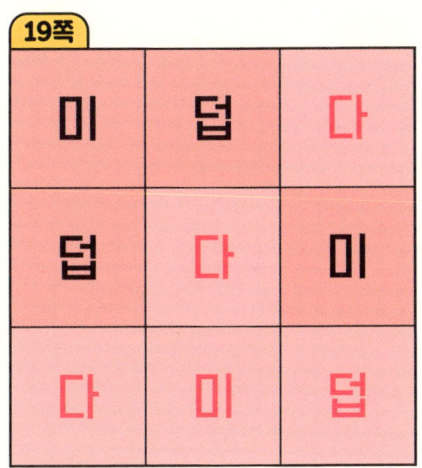

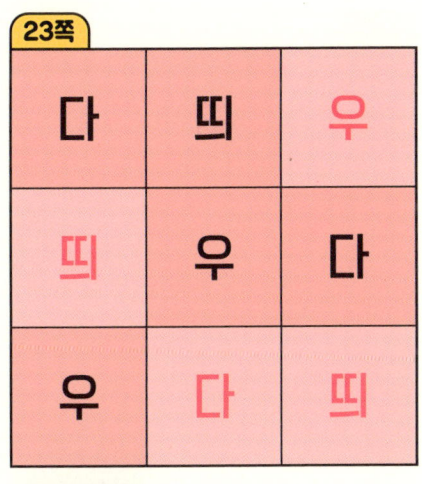

27쪽

곰	이	곰
이	곰	곰
곰	곰	이

말 속에서 써 보기 곰곰이

내용에서 유추하기

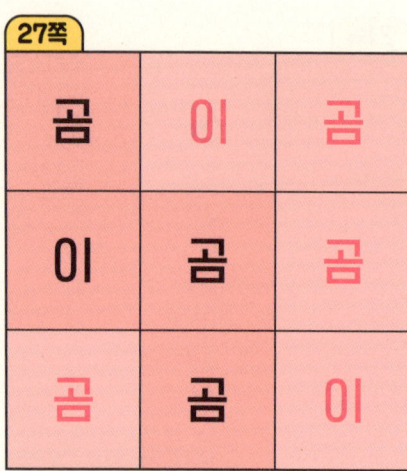

29쪽

추	다	곧
곧	추	다
다	곧	추

말 속에서 써 보기 곧추

글 속에서 유추하기 ★:곧 ●:추 ▲:고

31쪽

갈	무	리
무	리	갈
리	갈	무

말 속에서 써 보기 갈무리

글 속에서 써먹기

33쪽

미	치	시
치	시	미
시	미	치

말 속에서 써 보기 시치미

글 속에서 유추하기 ★:시 ●:치 ▲:미

35쪽

말 속에서 써 보기   화수분
글 속에서 유추하기   ★ : 화 ● : 수 ▲ : 분

37쪽

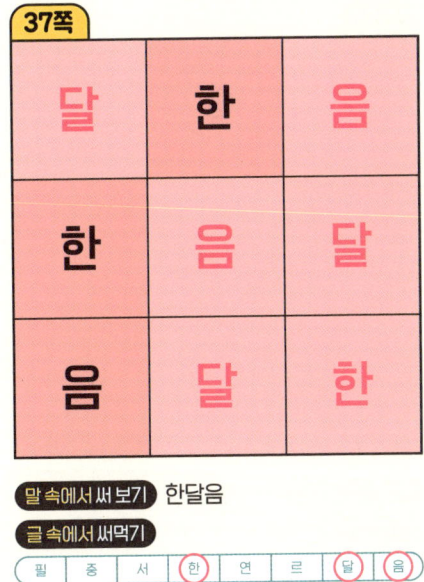

말 속에서 써 보기   한달음
글 속에서 써먹기

| 필 | 중 | 서 | 한 | 연 | 르 | 달 | 음 |

39쪽

말 속에서 써 보기   오지랖
내용에서 유추하기

41쪽

말 속에서 써 보기   살포시
글 속에서 써먹기

| 살 | 아 | 포 | 대 | 찬 | 희 | 시 | 감 |

213

43쪽

새	통	북
북	새	통
통	북	새

- 말 속에서 써 보기: 북새통
- 글 속에서 유추하기 ★: 북 ●: 새 ▲: 통

45쪽

다	벼	르
르	다	벼
벼	르	다

- 말 속에서 써 보기: 벼르
- 내용에서 유추하기

47쪽

딸	고	명
명	딸	고
고	명	딸

- 말 속에서 써 보기: 고명딸
- 글 속에서 유추하기 ★: 고 ●: 명 ▲: 딸

49쪽

리	미	내
내	리	미
미	내	리

- 말 속에서 써 보기: 미리내
- 글 속에서 써먹기

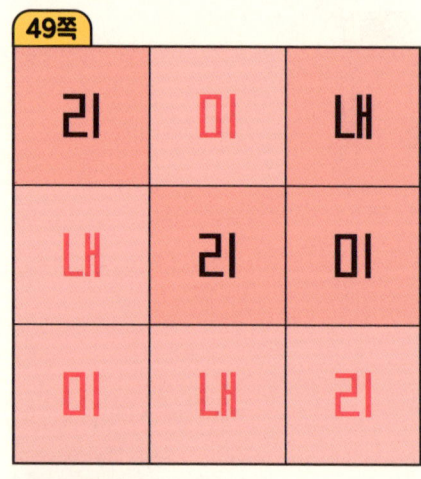

215

59쪽

삭	다	히
다	히	삭
히	삭	다

말 속에서 써 보기 삭
글 속에서 써먹기

| 자 | 특 | 삭 | 히 | 방 | 는 | 김 | 움 |

61쪽

치	사	랑
사	랑	치
랑	치	사

말 속에서 써 보기 치사랑
글 속에서 유추하기 ★:치 ●:사 ▲:랑

63쪽

약	띠	볕
띠	볕	약
볕	약	띠

말 속에서 써 보기 띠약볕
내용에서 유추하기

| 그 | 장 | 햇 | 복 | 여 | 찬 | 반 |
| 내 | 리 | 쬐 | 다 | 름 | 날 | 람 |

65쪽

리	서	된
된	리	서
서	된	리

말 속에서 써 보기 된서리
글 속에서 유추하기 ★:된 ●:서 ▲:리

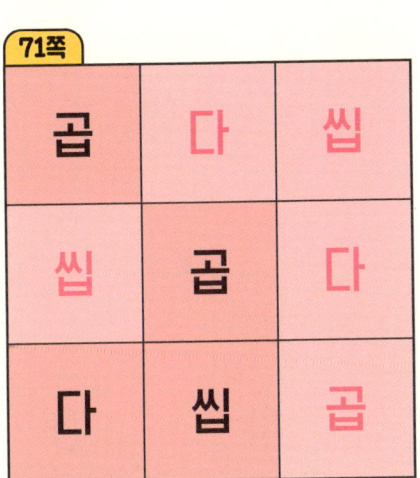

75쪽

없	하	릴	다
다	릴	하	없
하	없	다	릴
릴	다	없	하

말 속에서 써 보기 하릴없

글 속에서 써먹기

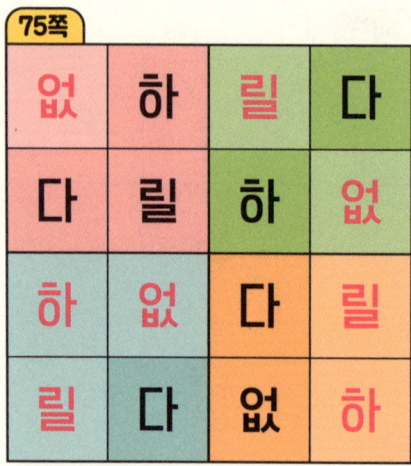

77쪽

팽	다	개	치
치	개	다	팽
개	치	팽	다
다	팽	치	개

말 속에서 써 보기 팽개치

내용에서 유추하기

79쪽

하	칠	다	칠
다	칠	칠	하
칠	다	하	칠
칠	하	칠	다

말 속에서 써 보기 칠칠하

내용에서 유추하기

81쪽

하	잔	애	다
애	다	하	잔
다	애	잔	하
잔	하	다	애

말 속에서 써 보기 애잔하

글 속에서 써먹기

애 곰 잔 자 서 도 하 다

218

83쪽

부	절	안	절
절	안	부	절
절	부	절	안
안	절	절	부

말 속에서 써 보기 안절부절

내용에서 유추하기

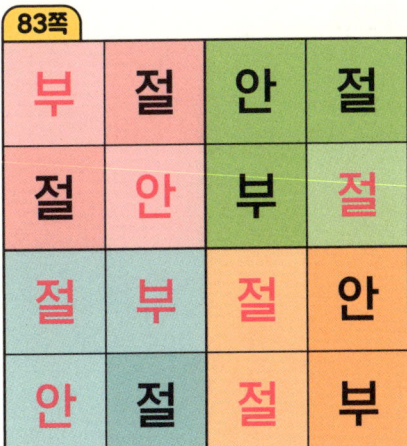

85쪽

시	나	브	로
로	브	시	나
나	시	로	브
브	로	나	시

말 속에서 써 보기 시나브로

글 속에서 유추하기 ★: 시 ●: 브 ▲: 로

87쪽

볼	소	리	멘
리	멘	소	볼
소	볼	멘	리
멘	리	볼	소

말 속에서 써 보기 볼멘소리

내용에서 유추하기

89쪽

개	발	발	괴
괴	발	개	발
발	괴	발	개
발	개	괴	발

말 속에서 써 보기 괴발개발

글 속에서 유추하기 ★: 괴 ●: 개 ▲: 발

219

91쪽

갑	살	다	곰
곰	다	살	갑
살	갑	곰	다
다	곰	갑	살

말 속에서 써 보기 곰살갑

글 속에서 써먹기

93쪽

헛	다	헛	하
하	헛	다	헛
헛	헛	하	다
다	하	헛	헛

말 속에서 써 보기 헛헛

내용에서 유추하기

95쪽

해	하	다	사
사	다	하	해
하	해	사	다
다	사	해	하

말 속에서 써 보기 해사

글 속에서 유추하기 ★ : 해 ● : 사 ▲ : 하

97쪽

다	없	주	책
주	책	없	다
책	주	다	없
없	다	책	주

말 속에서 써 보기 주책없

글 속에서 써먹기

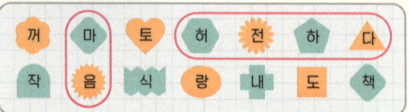

220

99쪽

지	골	옹	다
다	옹	골	지
옹	다	지	골
골	지	다	옹

말 속에서 써 보기 옹골지

내용에서 유추하기

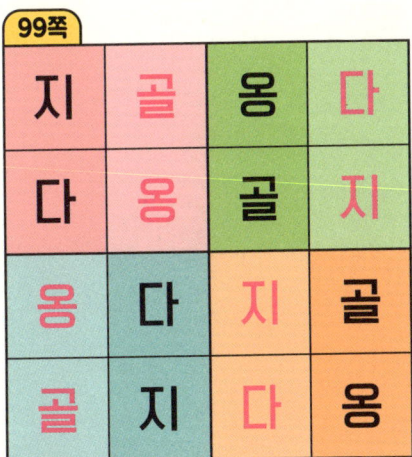

101쪽

온	미	로	새
로	새	미	온
새	로	온	미
미	온	새	로

말 속에서 써 보기 온새미로

글 속에서 유추하기 ★:온 ●:새 ■:미 ▲:로

103쪽

결	엉	겁	에
에	겁	엉	결
겁	결	에	엉
엉	에	결	겁

말 속에서 써 보기 엉겁결에

글 속에서 써먹기

105쪽

다	쭙	잖	어
잖	어	쭙	다
어	잖	다	쭙
쭙	다	어	잖

말 속에서 써 보기 어쭙잖

내용에서 유추하기

107쪽

프	달	다	애
애	다	달	프
달	애	프	다
다	프	애	달

말 속에서 써 보기 애달
내용에서 유추하기

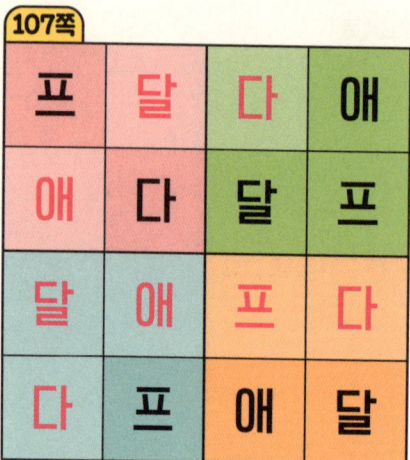

109쪽

로	안	미	다
미	다	로	안
다	로	안	미
안	미	다	로

말 속에서 써 보기 안다미로
글 속에서 써먹기

111쪽

아	이	지	랑
랑	지	이	아
이	아	랑	지
지	랑	아	이

말 속에서 써 보기 아지랑이
내용에서 유추하기

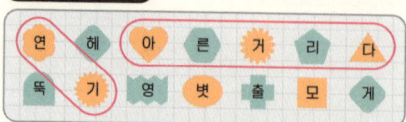

113쪽

슴	다	없	서
없	서	슴	다
서	없	다	슴
다	슴	서	없

말 속에서 써 보기 서슴없
글 속에서 유추하기 ★ : 서 ● : 슴 ▲ : 없

115쪽

이	적	북	다
북	다	이	적
다	북	적	이
적	이	다	북

말 속에서 써 보기 : 북적
글 속에서 써먹기

로 크 ㉧북 디 ㉧적 문 ㉧이 고

117쪽

쏙	하	머	다
다	머	하	쏙
머	다	쏙	하
하	쏙	다	머

말 속에서 써 보기 : 머쏙
내용에서 유추하기

119쪽

몰	다	매	차
차	매	다	몰
다	차	몰	매
매	몰	차	다

말 속에서 써 보기 : 매몰차
글 속에서 유추하기 ★:매 ●:몰 ▲:차

121쪽

하	똥	말	다
말	다	똥	하
다	말	하	똥
똥	하	다	말

말 속에서 써 보기 : 말똥
글 속에서 써먹기

사 ㉧말 칼 ㉧똥 브 섯 ㉧한 표

123쪽

다	없	금	뜬
뜬	금	없	다
없	뜬	다	금
금	다	뜬	없

말 속에서 써 보기 뜬금없

내용에서 유추하기

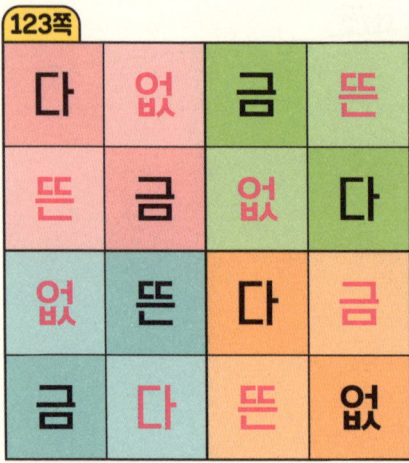

125쪽

달	질	박	음
음	박	질	달
박	달	음	질
질	음	달	박

말 속에서 써 보기 달음박질

글 속에서 유추하기 ★ : 음 ● : 박 ▲ : 질

127쪽

나	너	들	이
이	들	나	너
들	이	너	나
너	나	이	들

말 속에서 써 보기 너나들이

내용에서 유추하기

129쪽

다	하	밋	끌
끌	밋	다	하
하	다	끌	밋
밋	끌	하	다

말 속에서 써 보기 끌밋하

내용에서 유추하기

224

131쪽

렴	풋	이	어
이	어	풋	렴
풋	렴	어	이
어	이	렴	풋

- 말 속에서 써 보기 : 어렴풋이
- 글 속에서 써먹기 :

(어) 재 흐 (렴) 미 (풋) 쿠 (이)

133쪽

톺	다	보	아
아	보	톺	다
보	아	다	톺
다	톺	아	보

- 말 속에서 써 보기 : 톺아보
- 글 속에서 유추하기 : ★ : 톺 ● : 아 ▲ : 보

135쪽

지	둥	허	둥
둥	허	둥	지
둥	둥	지	허
허	지	둥	둥

- 말 속에서 써 보기 : 허둥지둥
- 내용에서 유추하기 :

137쪽

웃	함	박	음
음	박	웃	함
박	음	함	웃
함	웃	음	박

- 말 속에서 써 보기 : 함박웃음
- 글 속에서 써먹기 :

규 월 (함) (박) 눈 (웃) (음) 쇠

139쪽

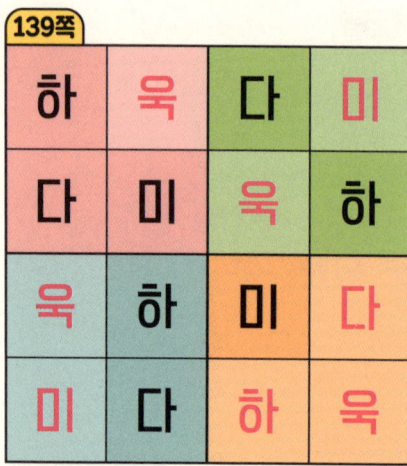

- 말 속에서 써 보기: 미욱하
- 글 속에서 써먹기

141쪽

- 말 속에서 써 보기: 포슬포슬
- 내용에서 유추하기

143쪽

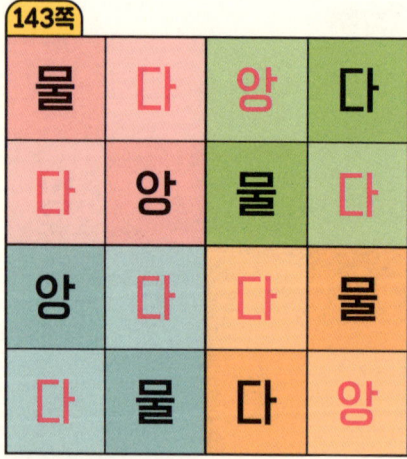

- 말 속에서 써 보기: 앙다물
- 내용에서 유추하기

145쪽

- 말 속에서 써 보기: 아니꼽
- 글 속에서 유추하기 ★: 아 ●: 니 ▲: 꼽

147쪽

북	다	돋	우
돋	우	북	다
다	북	우	돋
우	돋	다	북

말 속에서 써 보기 북돋우
글 속에서 써먹기

149쪽

다	질	부	없
부	없	다	질
없	부	질	다
질	다	없	부

말 속에서 써 보기 부질없
내용에서 유추하기

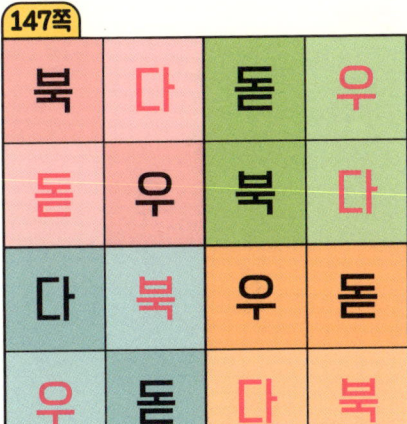

151쪽

부	리	케	나
나	케	부	리
리	부	나	케
케	나	리	부

말 속에서 써 보기 부리나케
글 속에서 써먹기

153쪽

다	볼	품	없
없	품	볼	다
품	다	없	볼
볼	없	다	품

말 속에서 써 보기 볼품없
글 속에서 유추하기 ★: 볼 ●: 품 ▲: 없

155쪽

도	긴	개	긴
개	긴	도	긴
긴	도	긴	개
긴	개	긴	도

말 속에서 써 보기 도긴개긴

내용에서 유추하기

157쪽

눈	엣	시	가
가	시	엣	눈
시	가	눈	엣
엣	눈	가	시

말 속에서 써 보기 눈엣가시

글 속에서 써먹기 참 ⭕눈 깨 엣 군 잡 ⭕가 ⭕시

159쪽

꾸	덕	꾸	덕
덕	꾸	덕	꾸
덕	꾸	꾸	덕
꾸	덕	덕	꾸

말 속에서 써 보기 꾸덕꾸덕

내용에서 유추하기

161쪽

하	괘	다	씸
씸	다	하	괘
다	씸	괘	하
괘	하	씸	다

말 속에서 써 보기 괘씸

글 속에서 유추하기 ★: 괘 ●: 씸 ▲: 다

163쪽

건	들	마	장
장	마	들	건
마	장	건	들
들	건	장	마

- 말 속에서 써 보기: 건들장마
- 글 속에서 써먹기: 건 미 토 러 들 장 푹 마

165쪽

듭	거	다	하
하	다	거	듭
거	하	듭	다
다	듭	하	거

- 말 속에서 써 보기: 거듭
- 내용에서 유추하기

167쪽

다	감	쪽	같
같	쪽	감	다
쪽	같	다	감
감	다	같	쪽

- 말 속에서 써 보기: 감쪽같
- 글 속에서 유추하기 ★: 감 ●: 쪽 ▲: 같

169쪽

두	두	다	남
남	다	두	두
두	두	남	다
다	남	두	두

- 말 속에서 써 보기: 두남두
- 내용에서 유수하기

171쪽

심	드	다	렁	하
하	렁	드	심	다
다	하	렁	드	심
렁	다	심	하	드
드	심	하	다	렁

말 속에서 써 보기 심드렁하

글 속에서 써먹기 탁 (심) (드) 경 (렁) (했) (는) (데)

173쪽

고	하	즈	다	넉
하	다	고	넉	즈
넉	고	하	즈	다
다	즈	넉	고	하
즈	넉	다	하	고

말 속에서 써 보기 고즈넉

글 속에서 써먹기 (고) (즈) 쉬 찰 (넉) 례 (한) 와

175쪽

다	맛	깔	스	럽
맛	럽	다	깔	스
깔	스	맛	럽	다
럽	깔	스	다	맛
스	다	럽	맛	깔

말 속에서 써 보기 맛깔스럽

글 속에서 유추하기 ★ : 맛 ● : 스 ▲ : 러

177쪽

보	다	둘	휘	러
둘	보	휘	러	다
다	휘	러	보	둘
러	둘	보	다	휘
휘	러	다	둘	보

말 속에서 써 보기 휘둘러보

내용에서 유추하기

230

179쪽

하	롬	다	초	함
다	하	함	롬	초
초	다	하	함	롬
롬	함	초	다	하
함	초	롬	하	다

말 속에서 써 보기   함초롬
글 속에서 유추하기   ★ : 함 ● : 롬 ▲ : 하

181쪽

나	다	지	막	하
다	지	하	나	막
막	하	다	지	나
하	막	나	다	지
지	나	막	하	다

말 속에서 써 보기   나지막

글 속에서 써먹기

183쪽

다	버	얼	무	리
리	다	버	얼	무
버	리	무	다	얼
무	얼	다	리	버
얼	무	리	버	다

말 속에서 써 보기   얼버무리
내용에서 유추하기

185쪽

리	다	싯	궁	거
궁	리	거	다	싯
다	거	궁	싯	리
싯	궁	리	거	다
거	싯	다	리	궁

말 속에서 써 보기   궁싯거리
글 속에서 유추하기   ★ : 궁 ● : 거 ▲ : 다

187쪽

룻	강	하	아	지
하	지	룻	강	아
강	아	지	하	룻
아	룻	강	지	하
지	하	아	룻	강

말 속에서 써 보기 하룻강아지
글 속에서 써먹기

하 / 흐 / 룻 / 강 / 갱 / 아 / 안 / 지

189쪽

새	름	다	치	하
하	다	치	름	새
름	하	새	다	치
치	새	름	하	다
다	치	하	새	름

말 속에서 써 보기 새치름
글 속에서 유추하기 ★: 새 ●: 치 ▲: 름

191쪽

치	다	구	맞	장
맞	구	장	치	다
장	맞	다	구	치
구	장	치	다	맞
다	치	맞	장	구

말 속에서 써 보기 맞장구
글 속에서 써먹기

군 / 맞 / 된 / 장 / 백 / 구 / 치 / 며

193쪽

대	구	시	다	렁
구	시	렁	대	다
시	다	구	렁	대
다	렁	대	구	시
렁	대	다	시	구

말 속에서 써 보기 구시렁대
내용에서 유추하기

195쪽

년	씨	을	다	럽	스
럽	다	스	을	년	씨
스	럽	다	씨	을	년
씨	을	년	스	다	럽
을	스	럽	년	씨	다
다	년	씨	럽	스	을

말 속에서 써 보기 을씨년스럽

글 속에서 유추하기 ★:을 ●:년 ▲:럽

197쪽

하	애	면	면	다	글
다	면	글	애	면	하
애	면	면	글	하	다
글	다	하	면	면	애
면	글	다	하	애	면
면	하	애	다	글	면

말 속에서 써 보기 애면글면하

내용에서 유추하기

199쪽

주	알	알	미	주	고
주	미	고	알	주	알
알	알	주	고	미	주
고	주	미	주	알	알
알	주	알	주	고	미
미	고	주	알	알	주

말 속에서 써 보기 미주알고주알

내용에서 유추하기

201쪽

이	떠	중	어	이	중
어	이	중	중	이	떠
중	이	어	이	떠	중
떠	중	이	이	중	어
중	중	이	떠	어	이
이	어	떠	중	중	이

말 속에서 써 보기 어중이떠중이

내용에서 유추하기

233

203쪽

- 말 속에서 써 보기: 호들갑스럽
- 글 속에서 써먹기

205쪽

- 말 속에서 써 보기: 어처구니없
- 글 속에서 유추하기 ★: 어 ●: 구 ▲: 없

207쪽

- 말 속에서 써 보기: 알나리깔나리
- 내용에서 유추하기

209쪽

- 말 속에서 써 보기: 데면데면
- 내용에서 유추하기

머리에 쏙 입에 착 붙는 어휘 스도쿠 우리말

발행일 2025년 10월 30일

기획 및 감수 | 맹지현
글 | 배은영
그림 | 안뉴

펴낸곳 | 메가스터디(주)
펴낸이 | 손은진
개발 책임 | 김문주
개발 | 김숙영, 민고은, 서은영
디자인 | 양X호랭 DESIGN
마케팅 | 엄재욱, 강보현
제작 | 이성재, 장병미
주소 | 서울시 서초구 효령로 304 국제전자센터 24층
대표전화 | 1661-5431
홈페이지 | http://www.megastudybooks.com
출판사 신고 번호 | 제2015-000159호
출간제안/원고투고 | 메가스터디북스 홈페이지 <투고 문의>에 등록

*잘못된 책은 구입하신 곳에서 바꾸어 드립니다.

메가스터디BOOKS

'메가스터디북스'는 메가스터디(주)의 교육, 학습 전문 출판 브랜드입니다.
초중고 참고서는 물론, 어린이/청소년 교양서, 성인 학습서까지 다양한 도서를 출간하고 있습니다.

- **제품명** 머리에 쏙 입에 착 붙는 어휘 스도쿠 우리말
- **제조자명** 메가스터디(주) · **제조년월** 판권에 별도 표기 · **제조국명** 대한민국 · **사용연령** 3세 이상
- **주소 및 전화번호** 서울시 서초구 효령로 304(서초동) 국제전자센터 24층 / 1661-5431